O. Bär

Traduction et commentaires par Georges Bernage

HEIMDAL

- Conception : Georges Bernage,
d'après la chronique d'O. Bär, traduite de l'allemand, avec notes et commentaires et préparation

- Prépresse : Christel Lebret

- Maquette et couverture : Nicolas Bucourt

Toutes les photos originales issues de la chronique sur la 13e Compagnie font partie du fonds des Editions Heimdal - pages 4 à 31, 42 à 102 et 108 à 112, sauf le document de la page 35 sur le Régiment « List », non présent dans la chronique d'O. Bär.

Editions Heimdal
2 rue de la Cartoucherie
14400 Saint-Martin-des-Entrées

Tél. : 02 31 51 68 68
www.editions-heimdal.fr

ISBN 978-2-84048-567-4

SOMMAIRE

PRÉSENTATION

La recherche historique procure d'heureuses découvertes. Notre maison d'édition reste constamment à la recherche de photos et documents pour faire découvrir à ses lecteurs une matière en grande partie inconnue, pour plonger dans « les couloirs du temps », afin d'en ramener de « nouveaux » éléments contribuant à l'Histoire. Ainsi, un lot de documents, issus de la bibliothèque d'un vétéran décédé, récemment entré dans nos archives, présentait des photos, des livres divers et, au milieu un petit livre sur la campagne allemande de 1940. La couverture ne payait pas de mine - *Auf dem Weg zum Endsieg* (« Sur le chemin de la victoire finale ») - mais en l'ouvrant, première surprise. Il s'agissait d'une chronique d'une seule compagnie, mais celle-ci appartenait à un prestigieux régiment - l'*Infanterie-Regiment « List »*. Et ce livre avait une particularité assez rare. Il était illustré de 115 photos… mais pas imprimées, des clichés originaux, collés sur les pages de ce livre, avec la particularité encore plus rare de correspondre totalement au texte. Certaines n'ayant même pas de légende, celles-ci étant dans le texte, au-dessus ou au-dessous.

Auf dem Weg zum Endsieg

La couverture de la chronique d'O. Bär.

schon die ersten Flüchtlinge, die in ihre, erst vor wenigen Stunden verlassenen Wohnungen zurückkehren möchten.

Heimkehrende Flüchtlinge

Es sind Menschen, die geradezu fanatisch an ihrem Heime hängen und keinen anderen Wunsch kennen als heimzukehren und ihrem bisherigen friedlichen Leben nachgehen zu können.

Ein weiteres, überaus dramatisches Bild tritt uns immer mehr entgegen: Während wir stets stürmischer nach dem Westen stürmen und näher und näher den Endsieg über Frankreich herannahen sehen, ziehen endlose Kolonnen gefangener Franzosen an uns vorüber, einem ungewissen Schicksal entgegen . . .

Französische Gefangene

Fassungslos und betrübt über ihr und ihres Vaterlandes trauriges Los hängen sie ihre Köpfe zum Boden und wagen nicht, ihre vorbeimarschierenden Sieger auch

72

nur anzublicken. Natürlich befinden sich auch manche Franzosen darunter, die sich glücklich fühlen, endlich einmal den gefürchteten deutschen [illegible] flohen und

Französische und englische Gefangene, darunter ein höherer französischer Offizier

heil diesem mörderischen Kampfe entronnen zu sein. Denn sie wußten ja überhaupt nicht, aus welchem Grunde sie ihr Leben einsetzen sollten für eine Sache, die nicht ihre Sache war.

Eine herrliche Erquickung bietet sich uns in der Nähe von Doudeville, wohin wir am 12. Juni gelangt sind: Zum erstenmal seit dem 12. Mai können wir uns wieder gründlich waschen und baden in dem kühlen Wasser eines kleinen Baches! Ein herrliches Gefühl für unseren Körper, für unsere Haut, über welche täglich von morgens bis abends nur heißer, salziger Schweiß geronnen ist.

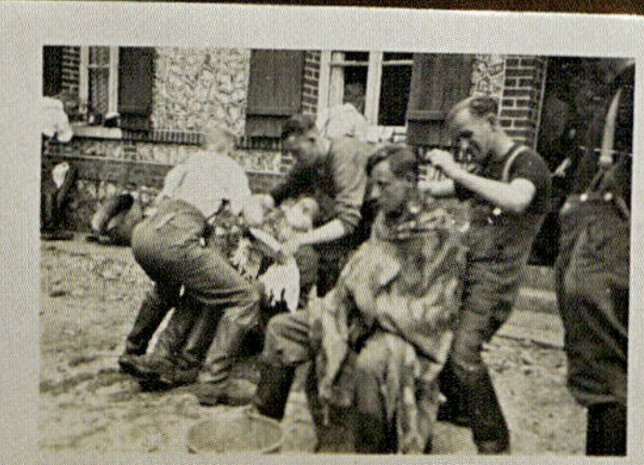

Auch die „Hilfs-Friseure" treten immer stärker in Tätigkeit

73

Quant au texte, ce fut une autre heureuse découverte. Cette chronique avait été alors publiée à un très petit nombre d'exemplaires, présentée par son commandant de compagnie, l'*Oberleutnant* Weber. Le petit nombre d'exemplaires est avéré, car tirer, pour chaque exemplaire, les 115 photos issues des pellicules originales, et les coller, précisément dans chaque ouvrage, a dû être un travail considérable. Cette chronique a été imprimée par la *Buchdruckerei* (imprimerie de livres) *C.F. Rees*, à Heidenheim an der Brenz (1). Nous apprenons aussi, sur la page de titre, que cet ouvrage a été composé et écrit par l'*Unteroffizier* (2) O. Bär. En lisant l'organigramme de la compagnie, nous apprenons que, lors de cette campagne de France qu'il décrit, il fait partie du *Kompanietrupp*, l'équipe de commandement de cette 13e compagnie, qui rassemble 18 soldats : trois sous-officiers, deux caporaux (dont O. Bär) et treize hommes du rang. De toute évidence aussi, ce n'est pas un rude paysan ou montagnard bavarois, mais un intellectuel. Son récit le prouve abondamment, son texte est d'une qualité littéraire inhabituelle, et très rare pour un « récit de guerre ». Il nous évoque plus une plume voisine de celle d'un Ernst Jünger que celle d'un simple secrétaire tenant le journal de marche de sa compagnie. Ce texte est tellement bien écrit, sensible quant aux paysages, aux ambiances, au vécu, que ce fut un plaisir, facile, de le traduire. Outre cette qualité littéraire rare, dans ce contexte, c'est aussi un témoignage du plus haut intérêt. Alors que l'armée allemande vient d'obtenir, sur la France, une écrasante, et surprenante, victoire, le texte est particulièrement « dépassionné ». Aucun triomphalisme ou esprit revanchard, tels qu'on a pu le lire, ici ou là, après les victoires des uns ou des autres, en France, aussi, après 1918 et 1945. Aucun esprit de revanche dans ces lignes, « l'ennemi » *(Feind)* est même décrit, souvent, comme adversaire *(Gegner)*. Bien plus, il exprime, au fil des pages, une compassion certaine pour les civils lancés sur les routes dans de très dures conditions. Son témoignage est d'autant plus intéressant que nous avons, là, le regard d'un soldat allemand sur ces réfugiés. Nous apprenons aussi que les villages belges et du Nord de la France étaient, souvent, totalement évacués, une réalité mal appréhendée sous nos cieux. La traversée de ces localités vides d'habitants prend un caractère quasi surréaliste, sous la plume d'O. Bär. L'auteur aussi, issu de la très catholique Bavière (3), n'arrête pas sa compassion aux seuls civils mais il la tourne, par ailleurs, vers les villes bombardées et leur patrimoine détruit. Soit, il souligne les destructions causées par l'artillerie française sur ses propres localités mais il s'appesantit aussi longuement, avec une réelle souffrance morale, sur Caudebec-en-Caux, détruite par la Luftwaffe le 9 juin 1940 - il souligne d'ailleurs le rôle des Stukas, contre la ville et les véhicules civils !... Imaginons des soldats alliés déplorant les destructions sur Francfort - ville évoquée par O. Bär au début de son récit - ou Munich, en les traversant en 1945, entre autres...

(1) Localité entre Ulm et Nördlingen, dans le Bade-Wurttenberg.

(2) En juin 1940, il n'est encore que *Gefreiter*, caporal.

(3) Très catholique, francophile de tradition, depuis Napoléon Ier, qui avait créé le royaume de Bavière, elle était aussi le foyer initial du mouvement national-socialiste...

Page ci-contre et ci-dessous : exemples de quelques doubles pages intérieurs où nous voyons les tirages photographiques collés là où l'auteur évoque l'action en cours.

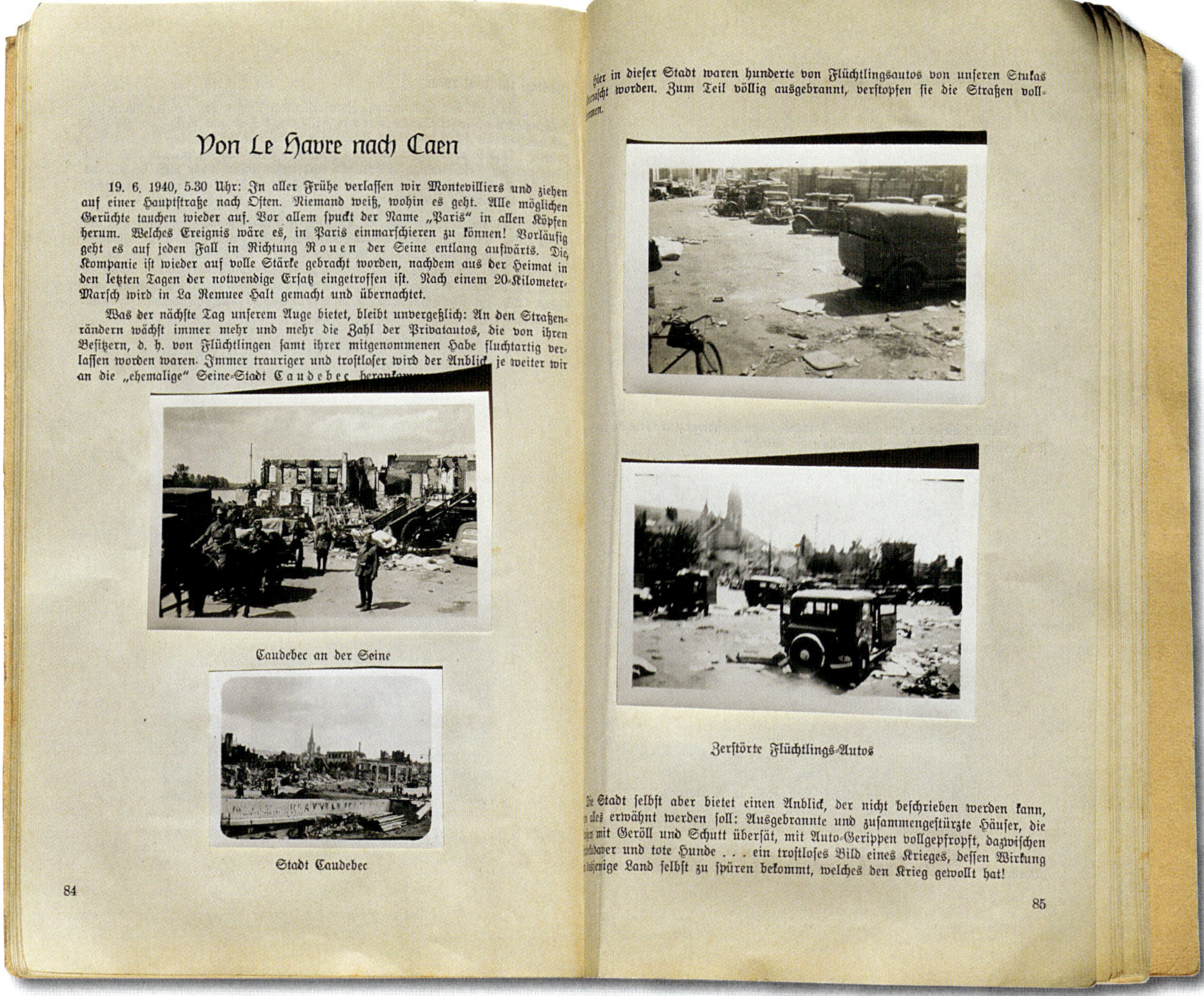

Von Le Havre nach Caen

19. 6. 1940, 5.30 Uhr: In aller Frühe verlassen wir Montevilliers und ziehen auf einer Hauptstraße nach Osten. Niemand weiß, wohin es geht. Alle möglichen Gerüchte tauchen wieder auf. Vor allem spuckt der Name „Paris" in allen Köpfen herum. Welches Ereignis wäre es, in Paris einmarschieren zu können! Vorläufig geht es auf jeden Fall in Richtung Rouen der Seine entlang aufwärts. Die Kompanie ist wieder auf volle Stärke gebracht worden, nachdem aus der Heimat in den letzten Tagen der notwendige Ersatz eingetroffen ist. Nach einem 20-Kilometer-Marsch wird in La Remuee Halt gemacht und übernachtet.

Was der nächste Tag unserem Auge bietet, bleibt unvergeßlich: An den Straßenrändern wächst immer mehr und mehr die Zahl der Privatautos, die von ihren Besitzern, d. h. von Flüchtlingen samt ihrer mitgenommenen Habe fluchtartig verlassen worden waren. Immer trauriger und trostloser wird der Anblic[k], je weiter wir an die „ehemalige" Seine-Stadt Caudebec heran[...]

Caudebec an der Seine

Stadt Caudebec

84

Hier in dieser Stadt waren hunderte von Flüchtlingsautos von unseren Stukas [...]rascht worden. Zum Teil völlig ausgebrannt, verstopfen sie die Straßen voll[...]mmen.

Zerstörte Flüchtlings-Autos

[...] Stadt selbst aber bietet einen Anblick, der nicht beschrieben werden kann, [...]des erwähnt werden soll: Ausgebrannte und zusammengestürzte Häuser, die [...] mit Geröll und Schutt übersät, mit Auto-Gerippen vollgepfropft, dazwischen [...]daver und tote Hunde . . . ein trostloses Bild eines Krieges, dessen Wirkung [...]ige Land selbst zu spüren bekommt, welches den Krieg gewollt hat!

85

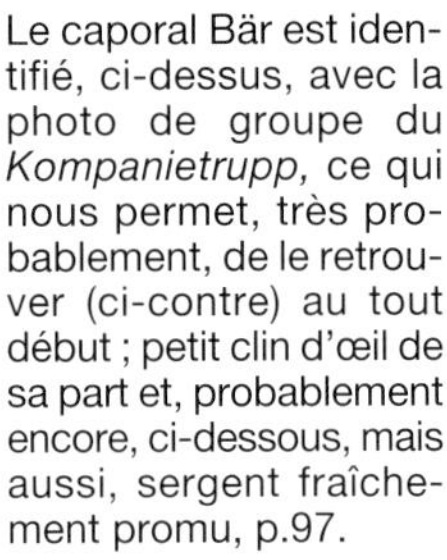

Le caporal Bär est identifié, ci-dessus, avec la photo de groupe du *Kompanietrupp,* ce qui nous permet, très probablement, de le retrouver (ci-contre) au tout début ; petit clin d'œil de sa part et, probablement encore, ci-dessous, mais aussi, sergent fraîchement promu, p.97.

Nous disposons là d'un texte de qualité mais aussi d'un récit qui est aussi un témoignage « donné à chaud » - beaucoup de témoignages de vétérans et, pire, de généraux, rédigés après guerre ont été « pollués » par une réécriture suggérée par ce qu'on veut, ce qu'on doit dire et, surtout, parce qu'on a vu par ailleurs. Combien de vétérans anglais ou américains n'ont-ils pas - entre autres - été influencés par leur vision du *Jour le plus long*, nous en fûmes témoins... C'est donc un témoignage « vrai » qui nous apprend beaucoup. C'est aussi un témoignage qui dépeint avec beaucoup de psychologie « la guerre au souffle glacé »... Et, enfin, nous suivons O. Bär, notre guide, entrevu sur certains clichés qui, outre son talent littéraire - qui était-il dans le civil ? - témoigne d'un réel talent de photographe, même si, de toute évidence, il n'était pas le seul derrière l'objectif. Certaines photos sont dignes des meilleurs correspondants de guerre. Et texte et photos, intiment liés, nous présentent un très rare « film » du parcours - de près de 1 200 kilomètres à pied - de cette compagnie. Nous suivons ainsi ce parcours, avec eux, « comme si nous y étions », un récit exceptionnel.

Ce témoignage illustré présente aussi l'immense avantage de suivre une compagnie d'une division d'infanterie allemande... non motorisée. La propagande et les médias, influencés par l'impact du « choc des panzers », nous montrent une armée allemande très motorisée et, avec ses blindés en pointe. En fait, la réalité est très différente. En 1940, seule l'armée britannique est totalement motorisée. Dans les armées française et allemande, on marche encore à pied et la traction est hippomobile. Ces deux armées, qui s'affrontent en 1940, sont très largement dans cette configuration. A côté des divisions de panzers et des rares divisions motorisées, l'armée allemande avance à pied, à raison d'étapes quotidiennes de 45 kilomètres, quand les unités sont en phase d'avance et non de combat. Les hommes de cette 57e Division, vont ainsi, comme nous l'apprenons, effectuer près de 1 200 kilomètres à pied, sous un soleil de plomb, entre le 18 mai et le 28 juin 1940. Les chariots hippomobiles ont laissé peu de traces dans les archives photographiques alors que ce sont eux que, très majoritairement, les civils ont vu passer en mai et juin 1940. Il était bon de le rappeler, et de le montrer. Ce n'est pas le moindre mérite de cette chronique.

Enfin, le destin a mené cette 13e Compagnie dans la bataille d'Abbeville, dans le seul secteur du front où l'armée française a failli, à très peu de choses, obtenir une brillante victoire. Lorsque la compagnie du lieutenant Weber arrive en ligne, le colonel de Gaulle et sa 4e DCR viennent de quitter le front, relevés par la 2e DCR. Les *Infanterie-Geschützen* de la 13e compagnie auraient pu être confrontés à ses unités... Et l'auteur ne cache pas l'efficacité de l'artillerie française et de la pugnacité française. L'adversaire n'est pas dévalorisé, bien au contraire. Tout cela nous montre que ce document, alors confidentiel, mérite d'être redécouvert, d'apporter sa contribution à l'Histoire et de vous proposer sa lecture, pour y trouver le même plaisir que celui que nous avons eu.

Georges Bernage

RÉALISATION ET REMERCIEMENTS

Le présent ouvrage est tiré de la chronique de la *13./199*, rédigée par O. Bär, sous l'autorité du lieutenant Weber, sous le titre *Auf dem Weg zum Endsieg !*, et imprimée en août 1940, par la Buchdruckerei C.F. Rees à Heidenheim. Tiré à un très petit nombre d'exemplaires, ce témoignage, illustré de 115 photographies originales, constitue le corps du présent ouvrage, traduit, commenté et annoté par Georges Bernage, des pages 8 à 35, 42 à 104, et, partiellement, à partir de l'exemplaire faisant partie des archives des Editions Heimdal, pour les quatre photos de groupes (108 à 112).

L'historique de la Bataille d'Abbeville, des pages 36 à 41, a été rédigé par Georges Bernage, avec la participation de Jean-Yves Mary.

Georges Bernage, qui a assuré la traduction, la présentation, les annexes et les commentaires tient à **remercier**, pour leur participation active :

- **Jean-Yves Mary**, l'un des plus grands historiens et experts de la campagne de mai-juin 1940, pour sa participation historique, sa relecture attentive et les précisions importantes, qu'il a pu apporter pour les légendes.
- **François Robinard** sur des précisions de légendes.
- **Damien Bouet**, qui a pu retrouver du matériel de cavalerie allemande conservé en Normandie.
- **Mathieu Lecul**, un Samarien passionné par les combats d'Abbeville et du Mont-Caubert de l'association « Somme & Bresle Battle ».
- Et enfin, **Nicolas Bucourt**, qui, outre son travail graphique, a amené de nombreuses précisions sur les légendes concernant le secteur du Havre, dont la découverte « fabuleuse », de la plage de Bruneval.

Rendons aussi hommage à O. Bär dont le talent nous a permis d'exhumer une page d'histoire, un témoignage qui permettra de rentrer « en immersion » dans une période que la plupart d'entre nous n'a pas connue. C'est aussi un témoignage salutaire nous permettant de rappeler, contrairement aux clichés de la propagande et du cinéma, qu'en 1940 seulement 17 divisions 1/3 sont blindées et motorisées sur un total de 162 divisions 1/3, ce qui ne représente que 10,7% de l'ensemble, l'Allemagne ne disposait pas alors d'un parc automobile suffisant — ce sera d'ailleurs le cas jusqu'à la fin du conflit — et, derrière les pointes blindées, minoritaires, l'infanterie suivait en des marches harassantes, épargnant aussi les réserves de carburant tout aussi insuffisantes. Cet ouvrage a le grand mérite de le rappeler.

Et enfin, alors que l'encre de ce texte sèche sur cette feuille, Abbeville s'apprête à commémorer le 80e anniversaire de cette bataille. Rappelons le sacrifice subi par la ville et sa population, Abbeville ayant été gravement endommagée par la Luftwaffe le 20 mai 1940. Toute guerre est un drame profond, évoquons la mémoire des civils ayant alors péri et celle des soldats tombés dans cette bataille, quelle que soit leur nationalité, le témoignage humaniste d'O. Bär (1) peut contribuer à nous y inciter. - le 27 mai 2020.

(1) Notre enquête auprès des archives militaires allemandes nous permet d'espérer retrouver son cheminement - dans ce cas *39/45 Magazine* et le *Courrier Picard* s'en feront l'écho.

Les blindés français détruits au pied du Mont de Caubert expriment l'échec tragique de l'offensive française. (NARA.)

1

WACHENBUCHEN

Ci-dessus : Logeurs et soldat - une seule famille - De toute évidence, bien reconnaissable, ce soldat est l'auteur O. (pour Oswald ?) Bär !

A seulement quelques kilomètres de Frankfurt am Main, la merveilleuse ville natale de Goethe (1), se trouve un adorable petit village, du nom de Wachenbuchen. Dans la cour d'école de cette localité, encore campagnarde et idyllique, se retrouvent, le **10 février 1940**, des camarades provenant de divers régiments, pour constituer une nouvelle 13e compagnie (2). Avec une certaine fierté, non tout à fait usurpée, les camarades provenant des Régiments 179 et 217, ayant participé à la Campagne de Pologne, vont être amalgamés avec des recrues, « n'ayant pas encore connu l'expérience de la guerre », levés à Kempten (3) et ne portant l'uniforme militaire que depuis dix jours. Les anciens prennent le nom de « vieux camarades » *(« Alte Kameraden »)* et les autres, naturellement, celui de « nouveaux camarades » *(« Neue Kameraden »)*. Le service commun, la sueur commune et les joies communes vont faire disparaître ces distinctions en quelques jours et cela sera bien ainsi.

Pendant trois mois pleins, nous allons laisser notre empreinte militaire et personnelle, notre vie et notre élan, à cette localité agricole. D'innombrables souvenirs, sur le plan privé et sur celui du service, agréables et désagréables, vont nous rendre Wachenbuchen inoubliable. Combien de fois sommes-nous réveillés et avons-nous bondi pour rejoindre la place d'appel et d'exercice, couverte de glace en février, envahie d'eau en mars et de poussière en avril. Les cavaliers, habitués au repos et au bien-être bavarois, ont été plus d'une fois énervés par des appels improvisés de présentation des chevaux lors des belles soirées de printemps. Mais l'être humain oublie très souvent les pages désagréables de sa vie passée et préfère se souvenir des expériences agréables. C'est ce que nous voulons faire aujourd'hui et nous voulons toutefois rappeler ces heures du service avec ses dures exigences ; qui se souvient, par exemple, de ces glaciales journées de février lors desquelles notre *Hauptfeldwebel* (4) interdisait de tousser « comme des filles »... Mais nous croisions aussi les jeunes filles de Wachenbuchen et passions aussi du bon temps autour d'un verre de bière.

Les relations entre nous, les soldats, et ceux qui nous fournissaient nos quartiers sont devenues familières. On se promenait souvent ensemble, on

(1) Malheureusement durement touchée par les bombardements de la Seconde Guerre mondiale. La maison natale de Goethe a été cependant admirablement restaurée, sinon en partie reconstituée.

(2) Compagnie de pièces d'infanterie de l'*Infanterie-Regiment 199*.

(3) Dans le sud de la Bavière.

(4) Adjudant de compagnie, fonction réputée pour sa dureté envers la troupe, dans l'armée allemande.

Ces trois artilleurs bavarois se tiennent devant l'un des établissements du village, celui de Wilhelm Pflug, qualifié de « le *Pflug* ». On notera les armes de la Bavière sur l'enseigne.

buvait de même un verre de bière ; lors de son quartier libre, le soldat aidait le paysan dans son champ, la logeuse remerciait, en contrepartie par un peu de pain, des gâteaux, etc. Les contacts étaient étroits et nos logeuses n'hésitaient pas à se lever aussi tôt que nous lorsque nous allions à Bilbel ou pour un entraînement au niveau du régiment, afin de nous préparer un café, sans y être obligées.

Naturellement, nous n'oublierons pas les spécificités de notre localité de Wachenbuchen. Tout d'abord notre *Fix* (5), ensuite l'auberge *Krone* (6), *Müller*, avec son cinéma et le *Pflug* (7). Combien de bières ont été bues ici, et combien de fois avons-nous dansé et chanté le « *Pfennigslied* », en écoutant un disque.

Sans aucun doute, le jour le plus inoubliable dans notre vie à Wachenbuchen fut le dimanche du *WHW* de la Wehrmacht (8). Ainsi, en ce dimanche du mois de mars, notre *Gulaschkanone* (9) a sillonné la localité, au son d'une trompette et tirée par un cheval pour inviter la population à un repas de midi. Dans l'après-midi, des démonstrations militaires de nos pièces d'artillerie eurent lieu en bas dans la forêt et des exercices équestres démontrèrent nos performances et notre entraînement dans ce domaine. Naturellement, le transport pendulaire de la population, toutes les cinq minutes, sur nos véhicules, jusqu'au terrain de manœuvre resta la sensation qui les incorpora à notre activité militaire. Et le couronnement de cette journée resta, ce soir-là, le « *Manöverball* » - « le bal de manœuvre » - chez *Fix* et *Pflug*. Les propositions à nos soldats furent massives, ce qui nous a réjoui. Quant au résultat financier, il fut exceptionnel ; nous avons pu verser près de 500 Reichsmark au WHW.

La compagnie ne resta pas non plus inactive sur le plan culturel et sportif. Avec le soutien particulier du commandant de compagnie, qui faisait lui-même partie des amis du chant choral, fut fondé un groupe d'une vingtaine de chanteurs. Lors de leur temps libre, ils ont rendu des visites à la population pour des tournées de chant et, lors de la soirée d'adieu, le **4 mai**, dans la salle de *Pflug*, cette chorale a fait une démonstration à quatre voix, ce « *Kosakenchor* », en chemises blanches et avec des fausses barbes, fut applaudi avec enthousiasme.

Les performances sportives de notre compagnie se sont encore plus faites remarquer dans Wachenbuchen et ses environs. En présence du Kommandeur du régiment, notre équipe de handball fut engagée contre la 14e compagnie, à Hanau, pour un match de la coupe régimentaire, qui a dû être prolongé par deux fois et qu'on peut qualifier d'intense. Jusqu'au départ pour le front, ce match avait lieu chaque dimanche avec les équipes civiles et se terminait en moments agréables, en présence de membres des deux sexes. Ainsi passaient les jours et les semaines. Chacun savait toutefois que le moment décisif devait arriver pour nous ; mais personne ne savait « quand » et « où ». La sensationnelle nouvelle a traversé l'éther : des troupes allemandes avaient franchi la frontière hollandaise, belge et luxembourgeoise, afin de prévenir une attaque planifiée des Anglais et Français dans la Ruhr. (10) La situation était maintenant clarifiée pour nous : offensive à l'ouest. Pendant ces heures dramatiques, nous avons été tous remués par des sentiments divers. On peut difficilement rendre par des mots ces sentiments individuels, il faut avoir soi-même vécu ces moments. L'un d'entre nous pensait, avec nostalgie, à sa femme dans la *Heimat*, un autre était enthousias-

Soldatenliebe - « Amour de soldat ». Bien entouré, il s'agit très probablement du caporal Meitzenhälter, chef de la 2e pièce de la IVe section.

te, qu'enfin « quelque chose allait survenir » ; rapidement chacun prenait encore la plume et écrivait des paroles rassurantes pour la maison. On grimpait, pour la dernière fois, l'escalier menant à sa table habituelle, pour un gâteau « petit bouquet » ou un *Amerikaner*. Naturellement, c'était l'occasion d'une visite à « son » auberge, là où on avait passé des heures et des soirées si agréables. Et, pour la dernière fois, les soldats amoureux se rendaient ici et là, aux alentours du village. Ainsi arriva le 12 mai 1940, jour du départ pour le front.

C'était un jour habituel, une merveilleuse journée de mai, mais aussi le dimanche de Pentecôte. Les derniers préparatifs de service mais aussi personnels avaient eu lieu. On prenait congé, avec une dernière tasse de café, de ses logeurs, connaissances et amis. Encore un court regard pour *Fix* et la *Krone*. Lentement commence un mouvement inhabituel dans ce petit village resté jusqu'à maintenant si tranquille ; la montre indiquait déjà 7 heures du soir. La vie devient plus intense sur la rue. Pas une seule jeune fille, pas une seule logeuse n'oublie de nous amener un bouquet de fleurs en signe de leur attachement.

Partout des groupes se constituent avec, au milieu, un soldat. Déjà, les conducteurs arrivent avec leurs chevaux, fraîchement brossés, rejoignant la place d'appel dans la Rittelbucher Strasse. Encore une fois, une dernière poignée de main, un dernier adieu, un dernier souhait de retour heureux. La compagnie est alignée pour le dernier adieu de Wachenbuchen. Chaque soldat porte une fleur à la boutonnière.

La population attend à gauche et à droite de la rue, on peut tranquillement le souligner, toute la population de Wachenbuchen. Elle n'aurait pas pu nous donner un plus beau témoignage de sa compréhension et attachement que cette image de la séparation.

Pour la dernière fois à Wachenbuchen, le commandant de compagnie donne ses instructions et en grondant résonne le salut des soldats sur la place. La compagnie se met en mouvement. Des centaines de saluts et de signes à la population, tout est emmené,... tous nous accompagnent encore en nous lançant les dernières fleurs ; nous envoyons un dernier regard vers l'arrière et Wachenbuchen est maintenant derrière nous.

(5) Local connu des seuls vétérans, probablement aussi une taverne.

(6) « La couronne », une auberge.

(7) « La charrue », une autre auberge qui tient en fait son nom de son propriétaire - voir photo.

(8) Le *Winter-Hilfs-Werk* (WHW), ou « secours d'hiver » était une organisation de bienfaisance proposant, certains jours, à la population, un plat unique à un prix modeste, le bénéfice revenant à des nécessiteux.

(9) « Canon à goulasch » est le surnom, donné par le *Landser,* à la cuisine roulante.

(10) Ainsi, de part et d'autre, la propagande était à l'œuvre. Côté allemand, comme nous le voyons ici, on motive le *Landser* en lui disant que l'adversaire était prêt à attaquer la Ruhr...

Ci-dessous :
Die letzten Sekunden - « Les dernières secondes ». Toutes ces photos étaient alors très évocatrices pour les soldats qui ont reçu cet album souvenir.

« Adieux devant la *Geschützhalle* » - granges où étaient garées les pièces d'artillerie.

« Sur le Rhin allemand ».

2

LA MARCHE VERS LE FRONT

De Hanau à Brohl

Nous avons parcouru les rues de Hanau avec de joyeux chants militaires. La nuit est bientôt tombée et il était minuit à notre montre lors de l'embarquement. Il n'était pas facile de faire monter les chevaux dans les wagons obscurs. Quant aux véhicules, ils ont été bien calés et attachés. Bien que tout ait dû être accompli dans l'obscurité, ce fut fait relativement rapidement. Nous avons encore dû trouver des places pour nous et nous avons été agréablement surpris que nous soient octroyés des wagons de passagers très confortables. Et, peu avant l'aube, notre train est parti - vers l'ouest.

Plus d'un d'entre nous, alors que nous étions à Wachenbuchen, avait rêvé d'un beau voyage de Pentecôte sur les bords du Rhin ; il nous fut alors accordé à tous. C'était une merveilleuse matinée du dimanche de Pentecôte. Le soleil s'élevait audessus des collines de la vallée du Rhin et chassait les derniers noirs nuages de la nuit. Le paysage rhénan défila devant nos yeux au milieu d'une fantastique lumière matinale : villes et châteaux forts, vergers et vignobles. Coblence avec son « Coin allemand », (1) le rocher de la Lorelei, l'île de Caub, où autrefois, lors des Guerres de Libération (2), il y a 125 ans, le maréchal Blücher a traversé le Rhin pour vaincre Napoléon, en France.

Nous avions déjà tablé sur un long voyage ferroviaire lorsqu'arriva l'ordre de déchargement dans la petite ville de Brohl, sur les bords du Rhin. Sous la protection d'une batterie de Flak, véhicules et chevaux furent débarqués. La première fois depuis Hanau, nous utilisions les rampes de déchargement. En très peu de temps, la compagnie s'est trouvée prête à reprendre la marche.

De Brohl à Amiens (18-23 mai)

La longue marche commença alors. Le premier jour, nous avons parcouru seulement 15 kilomètres, jusqu'à **Remagen**, une petite ville rhéna-

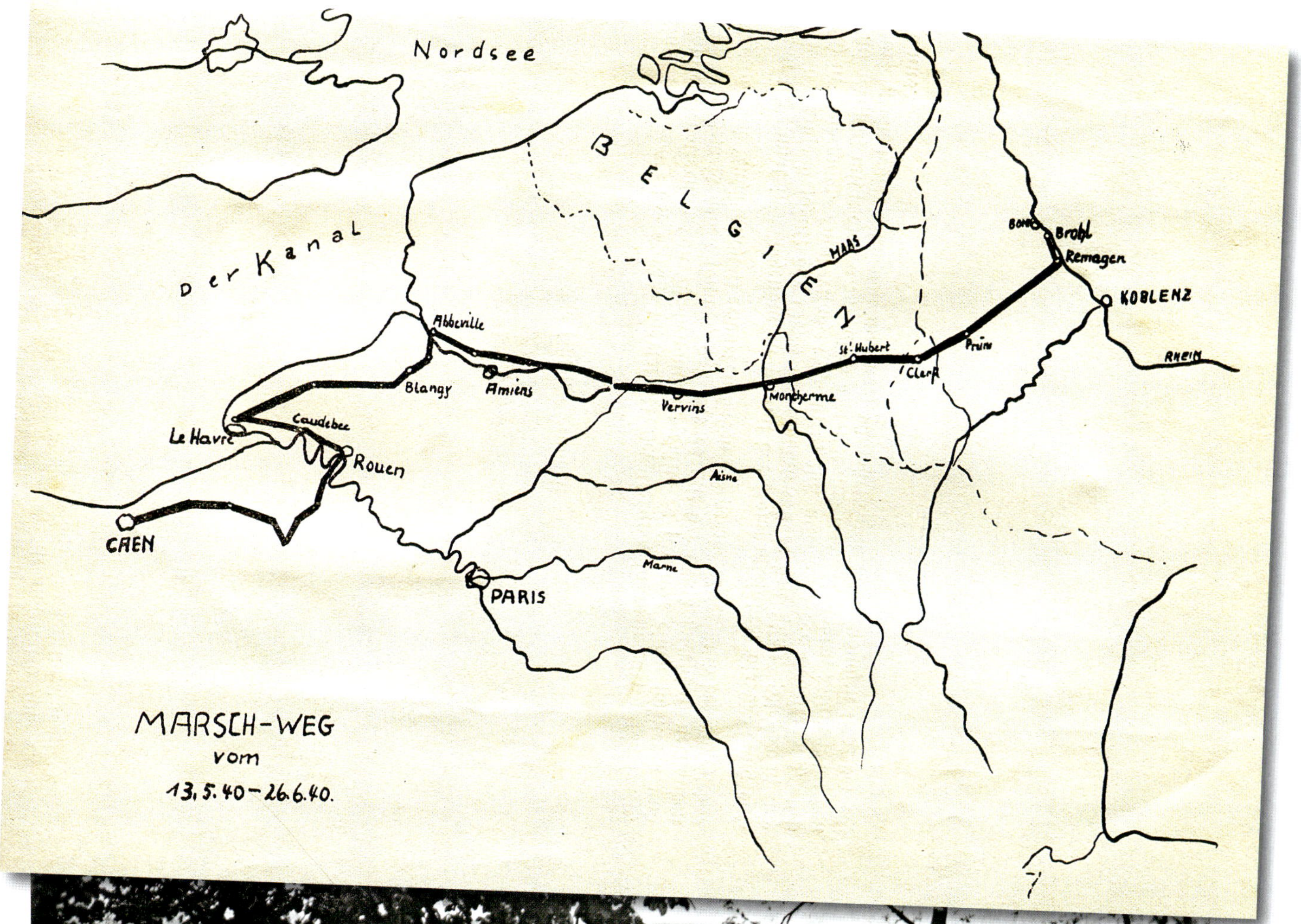

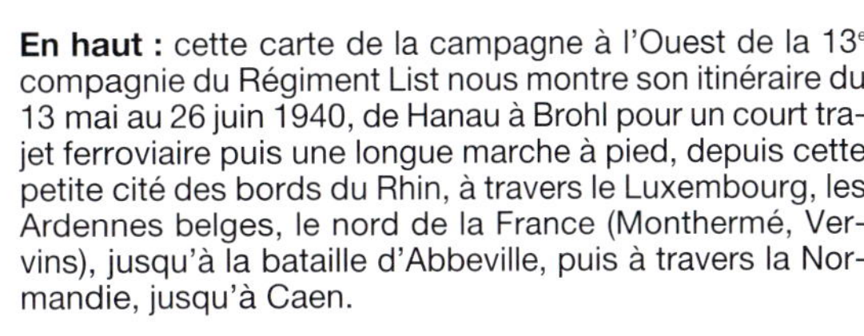

En haut : cette carte de la campagne à l'Ouest de la 13e compagnie du Régiment List nous montre son itinéraire du 13 mai au 26 juin 1940, de Hanau à Brohl pour un court trajet ferroviaire puis une longue marche à pied, depuis cette petite cité des bords du Rhin, à travers le Luxembourg, les Ardennes belges, le nord de la France (Monthermé, Vervins), jusqu'à la bataille d'Abbeville, puis à travers la Normandie, jusqu'à Caen.

En bas : la marche commence le long du Rhin, dans des sites magnifiques, jusqu'à Remagen.

(1) *Das Deutsche Eck* : monument, à Coblence, au confluent du Rhin et de la Moselle.

(2) Contre Napoléon.

Ci-contre et ci-dessous : puis la compagnie oblique vers le sud-ouest, dans la belle vallée de l'Ahr - « *Durch das schöne Ahrtal* ». Les colonnes de chariots et de fantassins sont dominées par les vignobles s'accrochant aux pentes exposées au soleil.

ne, au sud de Bonn. (3) Soit, une petite étape, mais qui fut effectuée sous un beau et agréable soleil de mai, tout au long du Rhin…

Le régiment s'est remis en route le lendemain. Nous avons quitté la vallée du Rhin et obliquions vers le sud-ouest, le long de la belle vallée de l'Ahr. Les hauteurs de l'Eifel nous rappelaient notre *Heimat* (4) bavaroise. Nous ressentions particulièrement le charme typique de ce paysage. Tout était différent ici : les vignobles s'accrochaient sur des versants exposés au soleil.

Nous regrettions seulement que le temps nous manquait pour goûter consciencieusement le bon vieux vin de l'Ahr. Bientôt, nous avions dépassé **Neuenahr**. Peu après, nous installions nos quartiers à Altenahr.

Le lendemain, nous avons encore fait un bon bout de marche à pied dans cette vallée ; puis nous l'avons quittée et avons grimpé sur les hauts plateaux de la Schnee-Eifel. Il fallut rassembler solidement les équipes de soutien pour aider à pousser les lourds véhicules, dont ceux du train. Maintenant, nous traversions un paysage tout à fait différent ; la charmante douceur avait disparu, la région présentait un caractère bien plus austère. Et, pendant encore deux jours, nous avons marché à travers la région du *Westwall* allemand. (5) Nous avons dû marcher jusque tard dans la nuit pour atteindre nos objectifs quotidiens. Nous avons ainsi pu nous reposer quelques heures dans les camps de baraquements des ouvriers du *Westwall*, mis à notre disposition pour la nuit à **Niederauch** et **Preitscheid**. Nous avions de plus en plus la nostalgie de nos moelleux lits de plume de Wachenbuchen, remplacés maintenant par la rude paille des camps. Mais ces « paillasses » étaient encore bienvenues après des étapes de marche de 30 kilomètres.

Le **18 mai** fut alors pour nous le jour le plus important : nous avons traversé la frontière du Reich. A 8 heures, nous quittions le *General-Seeckt-Lager* (« Camp général von Seeckt »), situé au-dessus de Preitscheid. Les nuages de pluie, qui nous incommodaient les jours précédents, avaient disparu ; une merveilleuse et belle journée commençait. Nous sommes alors descendus dans la vallée, jusqu'à la petite ville de **Dasburg**, située à deux

(3) L'auteur n'imagine pas un instant que le pont de cette ville jouera un rôle dans la défaite allemande en 1945.

(4) Terme typiquement allemand évoquant la patrie mais surtout le pays natal.

(5) Le *Westwall* - « Mur de l'Ouest » est la version allemande de la Ligne Maginot, appelé « Ligne Siegfried » par les Anglais et les Français.

La colonne passe maintenant devant l'*Hotel/Gastof zum Singer*.

Surprenant cliché montrant un chariot hippomobile, lourdement chargé tirant un petit canon de 7,5 cm à roues en bois. Image très éloignée des colonnes de panzers et des clichés de la propagande allemande. On aperçoit aussi les vignobles sur les pentes escarpées.

« Nos véhicules du train » - *unsere Tross-Fahrzeuge.*

Le 18 mai, c'est un jour historique pour la 13e compagnie, qui quitte le sol du Reich pour franchir la frontière germano-luxembourgeoise. A 8 heures, ce jour-là, elle surgit depuis la hauteur. Dasburg est à deux kilomètres.

kilomètres de là, en passant à côté des ouvrages de la ligne défensive allemande, qui avaient été édifiés tout à côté de la frontière, pour arrêter toute tentative d'intrusion ennemie. Le régiment s'est rassemblé et a traversé par le pont frontalier en chantant le *Deutschlandlied*. (6)

Maintenant, nous quittions le sol du Reich et marchions en terre étrangère. Par un temps superbe, nous avons traversé la Forêt du Luxembourg, nous redescendions vers **Clerf** [Clervaux], localité implantée dans une vallée et dominée par les tours puissantes de son église.

Ce jour-là aussi, en fin d'après-midi, nous avons atteint la frontière belge. Les premières traces de résistance étaient visibles. Le Luxembourg avait accepté la traversée allemande comme inéluctable. Par contre, la Belgique avait cru pouvoir contenir la progression allemande. Ainsi, à proximité de la frontière, des troncs d'arbres avaient été placés en travers de la route, des pans entiers de la forêt étaient tombés victimes des haches et scies pour dégager des axes de tir sur la route frontalière. Pendant trois jours, nous avons marché à travers les secteurs les plus méridionaux de ce coin de Belgique. Les principales localités où de dures résistances avaient dû être surmontées, se trouvaient un peu plus loin, ainsi Bastogne (7) dont le quartier de la gare avait été durement touché par la Luftwaffe. Presque toujours, se trouvaient des routes latérales, que nous devions utiliser. Depuis **Gives**, la première localité où nous passions la nuit en Belgique, nous sommes passés par **Saint-Hubert**, vers **Libin** où, à proximité, nous avons établi nos quartiers, le **19 mai**, dans un village quasiment totalement abandonné par ses habitants : **Glaireuse**. Le troisième jour en Belgique, par **Graide** et **Bievre**, nous sommes parvenus jusqu'à un domaine, près de **Handremont**, auprès duquel la compagnie a établi son bivouac pour la nuit. Jusqu'à présent, nous n'avions vu que peu de traces de combats en dehors de cadavres de chevaux ici et là. Mais la population avait quasiment disparu (8). Nous avons alors demandé à un couple âgé, le seul resté dans le village, quelle était la raison de cette fuite générale. Ils indiquèrent aussitôt le ciel, afin d'exprimer la terreur suscitée par les pilotes allemands. Eux-mêmes s'exprimaient clairement et exprimaient leur profonde germanophilie (9). Ils avaient une grande confiance dans le fait qu'ils n'auraient pas largué de bombes sur leur petite maison.

Ce « voyage de promenade » était quelque peu long et pénible alors que nous montions et descendions à travers cette région agricole, à travers de vastes forêts, des villages cachés dans la verdure et au milieu des vergers. Chaque jour, le soleil brûlait et les gosiers étaient secs et rendus rugueux en raison d'une abondante poussière, les pieds

(6) L'hymne allemand commençant par *Deutschland über alles...*

(7) Déjà !

(8) Remarque intéressante, le pays a été quasiment totalement évacué.

(9) Belges germanophones des cantons de l'Est ? Ce qui expliquerait qu'ils soient restés.

« Châteaux luxembourgeois » : il s'agit de l'abbaye Saint-Maurice de Clervaux.

« Clerf » - « Clervaux » en français, la localité est germanophone et n'a pas changé depuis : on se reportera au *Guide du corridor des panzers* de Jean-Yves Mary.

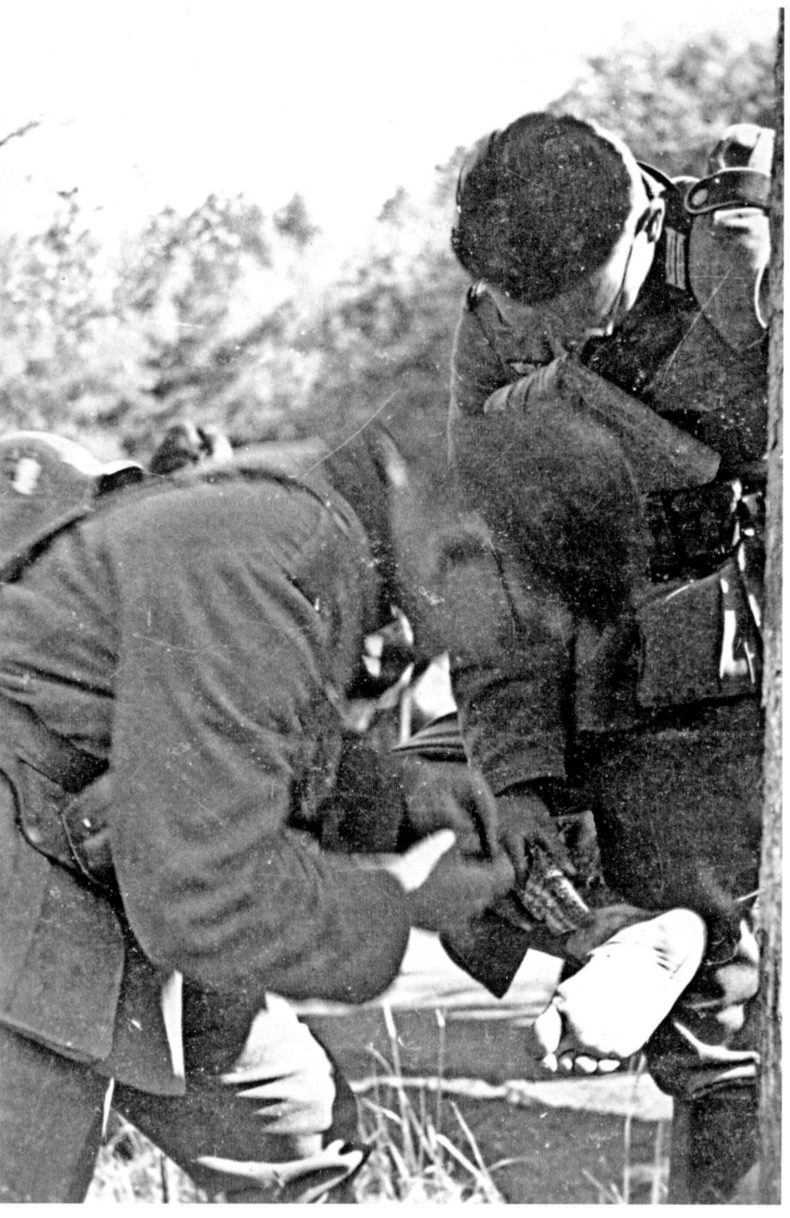

Ci-dessus : « *Rauf und unter !* » - « En haut et en bas ». Montées et descentes dans les vallées rendent rapidement la marche épuisante. Ce n'est pas la « ruée des panzers » mais une progression pédestre, les chevaux n'étant là que pour la traction, une progression inchangée depuis l'époque de Napoléon. Nous voyons ici des officiers, dont probablement le lieutenant Weber. N'oublions pas que le narrateur et photographe talentueux, O. Bär, fait partie du *Kompanie-Trupp*, l'équipe de commandement.

Ci-contre : de petits désagréments - la longue marche mobilise les infirmiers pour soigner les ampoules douloureuses... Rare photo de la vie quotidienne jamais présentée par un correspondant de guerre, d'autant plus qu'elle montre un autre visage du *Landser*, bien loin du Blitzkrieg...

commençaient à être enflammés. Parfois, l'infirmier devait administrer des soins mais chaque homme supportait sans plainte et murmure les souffrances de ces épreuves. (10)

S'il y avait une pause de midi un peu plus longue, elle était acceptée avec beaucoup de plaisir. Nous avions ainsi un peu de temps pour nous soucier de nous laver correctement à un ruisseau et à raser notre barbe nous faisant ressembler à un hérisson. (11) Et si l'estomac avait eu à suffisance et si la soif avait été étanchée, on pouvait encore songer à une petite sieste de midi à l'ombre d'un arbre fruitier. Le plaisir était alors au zénith.

Mais, souvent, la pause était trop courte et il fallait rapidement se relever et se reprendre. Dans notre bivouac de tentes près de Handremont, évoqué ci-dessus, nous étions déjà très proches de la frontière française. Légèrement couchés sur de la paille fraîche, nous étions installés sous la tente en forêt et nous avons entendu pour la première fois le grondement de la guerre : le sourd tonnerre des pièces d'artillerie était clairement audible depuis le sud. Sedan n'était pas à plus de 30 kilomètres. La forteresse était tombée dès le 14 mai mais de durs combats se déroulaient encore au sud de la ville. Ainsi, cette nuit-là, nous aspirions doucement à entrer en contact avec l'ennemi et pouvoir enfin participer aux grandes victoires. La troupe ne recevait pas de nouvelles précises sur

« Während einer Rast ! » - « Pendant une pause ». On note à nouveau le chariot lourdement chargé mais aussi les hommes en profitant pour les soins corporels - un sujet important pour le soldat allemand - avec le rasage, mais aussi le courrier... ou le rapport.

les importants succès de l'armée allemande car nous ne pouvions qu'occasionnellement recevoir un vieux journal ou bien écouter un communiqué transmis par radio. Mais nous vivions les victoires en direct car notre avance se poursuivait sans obstacle à l'intérieur de la France. Aucun avion adverse ne nous avait survolé pour ralentir la progression des réserves allemandes montant vers le front. La Luftwaffe dominait l'espace aérien sans opposition. Après avoir marché une petite heure à travers un important espace forestier, nous avons traversé la frontière belgo-française le **21 mai**.

De toute évidence, les Français avaient évacué sans combats les villages frontaliers. Ils avaient même abandonné en l'état un bunker camouflé en simple maison. (12)

A **Bohan**, un village niché profondément dans la vallée de la Semoy, nous avons marqué une plus longue pause de midi. Elle nous offrit aussi l'opportunité d'examiner l'intérieur des maisons françaises. Les habitants étaient tous « partis » (13), c'est-à-dire qu'ils s'étaient enfuis. Une seule vieille femme n'avait pas eu le cœur d'abandonner son bien. Angoissée, elle apparut à la porte arrière de sa petite maison ; elle-même n'avait plus rien à manger et craignait déjà pour ces deux ou trois poules qui picoraient dans la cour. Le plus grand désordre régnait dans les maisons abandonnées. Les habitants avaient tout abandonné en grande hâte, quelques objets de valeur avaient dû être extraits de tiroirs restés ouverts. Sur la table, de la vaisselle sale, témoignage du dernier repas. Les armoires à vêtements étaient béantes, et en grand désordre. C'était le témoignage de l'ultime pré-

Ein Stündchen Schlaf-welch Hochgenuss ! - « Une petite heure de sommeil - quel immense plaisir ». Notons que le dormeur a gardé ses lunettes réglementaires.

(10) Ce témoignage permet aussi de prendre conscience que la grande majorité de la Wehrmacht n'était pas motorisée, et que les fantassins allemands subirent de rudes épreuves.

(11) On notera le soin porté à la propreté corporelle, pas toujours courante dans une armée...

(12) Il s'agit en fait d'une « maison forte », dont le rôle défensif aura, effectivement, été très faible.

(13) En français dans le texte. A noter que Bohan se trouve encore en Belgique.

Pause sur la route - on remarquera la longue file de chariots.

sence des troupes françaises, blanches et de couleur, poussées à fuir.

Nous avons repris notre marche sous le chaud soleil zénithal. Nous avons dû quitter la route principale, car le pont sur la rivière avait été dynamité. Nos chevaux peinaient durement à tirer les attelages et les véhicules de transport pour escalader la route menant abruptement sur le versant supérieur de la vallée. Malgré les agréables ombrages forestiers, de grosses perles de sueur nous coulaient sur le front. Au milieu de la forêt nous sommes tombés sur les premières sépultures militaires, les tombes de deux pilotes français. Seule décoration de la simple croix de bois, un casque d'acier. A seulement quelques mètres de là, nous avons découvert l'avion abattu, sa présence a suscité, naturellement, une grande curiosité parmi nous. (14)

Les premières traces de la guerre étaient visibles à **Monthermé**. Nous avions ainsi atteint le fleuve que nous évoquions dans notre hymne national : la Meuse. Nos troupes ont dû combattre très durement pour le traverser. Les Français avaient des positions remarquablement établies sur la rive adverse. Depuis leurs bunkers et leurs trous indi-

Franchissement de la frontière belgo-française à Linchamps. Le trajet au Luxembourg, à travers la pointe nord du Grand-Duché, a été court. On remarque la barrière frontière levée, un pont du Génie jeté à côté d'un cratère et à l'arrière-plan, la maison forte des *Hubiets*.

(14) A part ces premières traces de la brutalité de la guerre, la progression des réserves allemandes, en arrière des troupes de première ligne, paraît presque surréaliste dans un paysage vide, presque totalement paisible.

Ci-dessus, à droite, et ci-dessous : premier contact avec la réalité de la guerre : deux tombes de pilotes français (le lieutenant Charles Bertheux et le sergent-chef Auguste Benech – le 3e membre d'équipage, le capitaine Martin a été grièvement blessé) et l'épave de leur avion, un Potez 63-11 de Reconnaissance du Groupe Aérien d'Observation 547, à proximité. L'appareil a été abattu le 14 mai par des chasseurs allemands lors d'une reconnaissance sur Monthermé et il s'est écrasé à Roc-de-la-Tour au nord-est de Château-Regnault. Notez l'ouverture circulaire sur le flanc du fuselage au niveau de la cocarde correspondant à l'objectif de l'appareil photo ou de la caméra.

Pont détruit sur la Meuse à Monthermé, le franchissement de ce fleuve, dont le nom est évoqué dans leur hymne national, suscite une émotion auprès des hommes.

viduels bien installés, ils pouvaient tout examiner et battre. Des barbelés installés sur la rive du fleuve empêchaient toute attaque surprise. Et, cependant, dans un élan inexorable, les troupes allemandes ont surmonté tous ces obstacles. (15) Cependant, les Stukas et les canons avaient dû tout d'abord ouvrir le chemin aux fantassins et *Pioniere* (sapeurs) allemands. Et, pour la première fois, nous avons vu ce qui s'offrira plus tard régulièrement à nos regards : maisons détruites, murs effondrés, fenêtres incendiées. Le pont métallique était effondré dans la Meuse.

Sur un pont de pontons lancé par nos sapeurs, nous avons franchi le fleuve, sur ce point de passage provisoire, établi dans de brefs délais.

Totalement submergés et désemparés, les Français se sont repliés et ont abandonné partout leurs munitions dans leurs positions. Des obus pour l'artillerie lourde étaient restés stockés dans le bois proche.

Nos étapes de marche journalières se prolongeaient toujours plus en marches de nuit. Ainsi, le **22 mai**, nous ne sommes arrivés sur notre objectif que peu avant 4 heures du matin, à un petit hameau nommé **Etalle**. Quatre heures de sommeil et la marche a repris. Mais ce fut avec satisfaction que l'étape de cette nouvelle journée ne comportait que 20 kilomètres à côté des 50 à 60 kilomètres des jours précédents. Par des routes secondaires, en passant par **Girondelle**, nous avons atteint **Antheny**, le domaine de **La Hayette** près de **Bossus**. Le ravitaillement en nourriture devient toujours meilleur ; des sous-officiers sachant traire libèrent les vaches aux pis trop gonflés pour ramener du lait frais. La roulante reçoit de moins en moins de viande de bœuf fraîche. Ainsi, le nombre d'amateurs de viande de poulet se met à grimper. Tout un groupe de permissionnaires nous rejoint. Nos camarades sont joyeusement reçus, après tant de jours d'errance de la compagnie avec laquelle ils s'étaient fondus.

Nous avons laissé progressivement derrière nous le massif forestier des Ardennes. Les panneaux routiers nous montrent que nous ne sommes plus dans le département des Ardennes mais dans celui de l'Aisne. Le paysage devient plus plat mais reste encore ondulé. Le pays que nous traversons est fertile (16), les prairies s'étalent dans leur magnificence, les céréales sont mûres. Tout le paysage s'offre paisiblement sous les rayons du soleil. Seuls nous rappellent la guerre, le bétail qui erre dans les prés, les vaches avec leurs pis gonflés, déjà enflammés par le lait, n'ayant pas été traites, les chevaux recherchant la présence humaine. Plus d'un canasson sans maître va rejoindre et rafraîchir l'effectif équin de la compagnie.

La marche du **23 mai**, par **Aubenton**, **Vervins**, **Voulpaix**, mène à **Leme**. Partout, des signes de la fuite sauvage d'une retraite bousculée. Près de **Landou sur la ville**. Les Français ont dû abandonner sur place une batterie complète. Partout gisent des corbeilles de munitions pleines et à moitié vides, le contenu des véhicules est sans dessus dessous, éparpillé sur la route et dans le fossé ; on y trouve de tout : uniformes, manteaux, toiles de tente, chaussures, malles démantibulées, sacs à dos, couvertures de laine, des conserves et du vin. A **Vervins**, quelques maisons sont sérieusement endommagées, quelques tranchées ont été creusées au milieu de la ville et quelques fossés témoignent du combat qui est passé sur la ville en grondant. Dans le fond de vallée de **Bulpaix**, nous avons été surpris par une courte mais violente pluie d'orage, qui a bientôt cessé, alors que nous avions atteint la hauteur opposée.

Le Génie a lancé un pont provisoire pour le franchissement du fleuve.

Les gros efforts de la journée sont rapidement oubliés lorsque, dans la soirée, la roulante distribue du vin. Le lendemain matin **24 mai**, un très raffiné chocolat au lait est distribué qui nous paraît si bon qu'il a un goût de « trop peu ».

Nous repartons vers midi et poursuivons vers l'ouest. Par **Sains**, nous arrivons à **Le Herie La Vieville** où, dans une forêt, nous sommes bien protégés des attaques aériennes, nous en profitons pour notre pause de midi. Notre objectif de la journée est atteint à un important domaine agricole, situé à proximité de la route principale et à quelques kilomètres avant **Origny Sainte-Benoite**. Cette fois, nous sommes arrivés un peu plus tôt que prévu et nous avons un peu plus de temps pour nous occuper de notre bien-être corporel. Nous disposons d'eau en abondance. Nous pouvons tout d'abord vraiment bien nous nettoyer de la sueur et de la poussière de la route pour ensuite nous consacrer aux plaisirs procurés par la cuisine et la cave.

La roulante - la *Feldküche* - avait pour mission d'assurer le ravitaillement de la compagnie, mission toujours remplie vaillamment. Les repas sont cependant maintenant un peu plus gras et le morceau de veau ou de porc un peu plus gros. A cette époque, se dégagent aussi des talents culinaires cachés au sein des sections et qui aident le cuisinier de la compagnie à effectuer son travail et amener quelques plaisirs au sein des sections. Dans ce registre, la contribution des conducteurs a été particulièrement géniale.

Ainsi, ce soir-là, sur le domaine, a lieu une belle fête. On a naturellement chanté, les sonorités sortant des gorges, jusque tard dans la soirée, n'auront pas toujours été les plus belles mais l'ambiance était là et lorsque des bombes sont tombées, à la tombée de la nuit, elles ne déran-

Le pays est vide de ses habitants, les vaches meuglent, les pis trop gonflés et, ceux, qui savent les traire, paysans bavarois, vont tirer du bon lait frais pour leurs camarades.

(15) Pour retrouver ces lieux historiques, on se reportera au remarquable *Guide du Corridor des panzers*, de Jean-Yves Mary : Dasburg et Clerf/Clervaux (p. 6 à 8), Bohan (p.23-24), Monthermé (p. 29-34-35).

(16) Remarquons que l'auteur vient de passer au présent narratif, rappelant ainsi que nous entrons dorénavant dans l'action !

A la sortie d'Origny-Sainte-Benoite, rencontre impressionnante avec un colosse d'acier, le char français B1bis « *Hardi* » du 8e Bataillon de Chars de Combat (2e Division Cuirassée) qui achève de se consumer. Il a été détruit le 16 mai par les éléments de tête de la *1.Pz.-Div.*, alors qu'il tentait de se replier vers Saint-Quentin Les chariots hippomobiles, passant à côté du « monstre », semblent ici un peu dérisoires...

geront pas beaucoup d'entre nous dans leur premier sommeil, même pas les aboiements de réplique de la Flak.

Le lendemain matin **(25 mai)**, nous arrivons bientôt à **Origny Sainte-Benoite**, sur l'Oise. Des tranchées avaient été creusées en ville. Nous ne remarquons pas de destructions. En continuant vers Saint-Quentin, nous voyons, pour la première fois, l'un des très puissants blindés des Français. Un obus allemand avait détruit le colosse en perçant l'acier épais.

Nous contournons par le nord la ville de **Saint-Quentin**, «forteresse» durant la Grande Guerre, et qui avait été bombardée la nuit précédente. Dans le petit village de **Poutru**, à l'ouest de Saint-Quentin, nous établissons nos quartiers pour la nuit dans quelques granges. Nous nous trouvons à proximité du front. Durant la nuit, nous entendons des tirs d'artillerie épars et de sourdes explosions de bombes. Nous envisageons un engagement imminent et nous attendons, pleins d'espoirs, le jour suivant.

Peu avant l'aube du **26 mai**, nous allons aussi connaître notre première attaque aérienne. Nous ne sommes cependant pas touchés ; nous ne sommes survolés que par un seul avion ennemi. Les conducteurs restent auprès de leurs chevaux tandis que toute la compagnie, comme à l'entraî-

« Tout le monde marche et les chevaux ne sont pas épargnés » - La marche est rude pour tous. Remarquons les cercles peints sur les arbres pour signaler le bas-côté à l'attention des conducteurs et la route semble asphaltée.

nement, « gicle » de tous côtés, se pressant sur le versant où reste allongée sur le dos dans la prairie, prête à faire feu. La première opportunité se présente aux tireurs d'élite impatients de montrer leur talent. Mais l'avion est déjà bien loin quand ils ont placé la mire sur la bonne distance.

Progressivement, nous nous épuisons avec les longues marches continuelles et plus d'un pique du nez pour quelques secondes lors de lourds après-midi ou dans la nuit, sur le siège du serre-frein. Et cependant, il n'est que rarement possible de se reposer sur les attelages du temps de sommeil toujours plus court. Car, pour épargner les chevaux, la plus grande partie des étapes est effectuée à pied, tenant les chevaux par la bride. Les chevaux eux-mêmes doivent aussi fournir un gros effort lors de toute cette marche. Braves, obéissants, ils tirent les attelages lourdement chargés en grimpant les hauteurs. et, rarement, on peut leur administrer une ration régulière de fourrage et d'eau à boire. Si, lors d'une courte pause durant la marche, ils ont le temps de recevoir du fourrage, alors l'eau n'est pas présente. Après de longues heures à tirer les lourds chariots, jusqu'à ce que la soif ne puisse pas encore être étanchée par de l'eau fraîche, nous apprenons toujours plus à connaître nos chevaux et à les chérir comme de bons et indispensables camarades. Nous avons tous le profond devoir, à chaque halte, de penser d'abord aux chevaux, avant de nous soucier de notre propre faim et d'étancher notre soif.

Et maintenant ce jour-là, le **26 mai**, où, par exception, il pleut, nous rejoignons la vallée de la Somme, par des routes secondaires. Nous contournons **Péronne**. En fin d'après-midi, nous apprenons qu'une partie de la compagnie va être chargée sur des camions, afin d'être amenée en avant, jusqu'au front...

Les camions arrivent, nous chargeons les pièces des première et seconde sections avec les munitions correspondantes, nous nous installons et attendons le départ. Nous jouissons de cette splendide soirée et pensons à ce qui nous attend, à l'engagement face à l'adversaire avec lequel, enfin, après ces nombreuses journées de marche, nous allons entrer en contact. Dans une merveilleuse palette de couleurs, avec un éclairage particulièrement émouvant, alors que pointe le crépuscule, le paysage français s'étale devant nous. Le ciel prend des couleurs rouges sang et, à l'horizon, des éclairs brillent, blafards.

Les couleurs s'estompent, l'obscurité s'installe et nous roulons en direction de la Somme, un fleuve déjà devenu le symbole des combats héroïques de nos pères durant la Grande Guerre et dont les sacrifices, à cet instant, nous rappellent à nos devoirs.

Très tôt le lendemain, nous sommes parvenus sur notre objectif : il s'agit de **Saint-Ouen** qui, comme nous l'apprenons, est une position d'étape pour le front de la Somme. Nous n'étions pas encore habitués à la présence de la population dans un village où, là, elle est restée. La progression allemande a été si rapide que les autorités françaises n'avaient pas ordonné son évacuation. Et les habitants, qui avaient été travaillés par tous les moyens de la propagande mensongère, voyaient maintenant, de leurs propres yeux, que nous n'étions pas de sauvages barbares arrivés dans leur pays mais, au contraire, des soldats d'un peuple hautement cultivé qui a été contraint à la guerre par la France elle-même [sic] (17)

Pour la première fois, depuis le franchissement de la frontière, nous pouvons, dans cette ville, effectuer des achats. De nouveau, nous pouvons boire notre bière habituelle, acheter du chocolat, tout cela pour un peu d'argent : un Mark vaut 20 Francs (18). Nous cherchons quelques cafés et nous nous entretenons avec les gens. (19) De toutes ces discussions, il ressortait combien ils étaient déçus de leur propre gouvernement, de l'Angleterre et combien impossible paraissait notre présence ici et les effets de cette arrivée soudaine. (20)

Dans l'après-midi, les première et seconde sections sont réparties au sein des bataillons [du régiment] qui sont mis en position vers l'avant. Dans la nuit du **28 mai**, les autres sections et le train, avec tous les véhicules de la compagnie, arrivent aussi à Saint-Ouen, y restant jusqu'en fin d'après-midi, le **29 mai** et, dans le courant de la soirée, elles rejoignent le front sur la Somme... A partir de maintenant, la compagnie est éclatée, les sections seront engagées individuellement, avec les compagnies d'infanterie du bataillon pour être engagées - **le temps de mise à l'épreuve est arrivé !**

(17) La déclaration de guerre de l'Angleterre et de la France à l'Allemagne a ancré le soldat allemand dans la conviction qu'il ne fait que se défendre d'une agression subie, ce qui lui donne plus de force dans son combat.

(18) Il est loin le temps où le *Reichsmark* ne valait plus rien...

(19) Cette remarque semble plus qu'exagérée. Nous verrons au dernier chapitre comment la communication orale avec des jeunes filles normandes de la région de Caen sera impossible et fera cesser tout espoir de contact...

(20) Par contre, ce point est plausible ; la fulgurante victoire allemande brisait toutes les certitudes précédentes, d'où l'accueil favorable de l'armistice.

Ci-dessous : les chevaux ont dû fournir de puissants efforts.

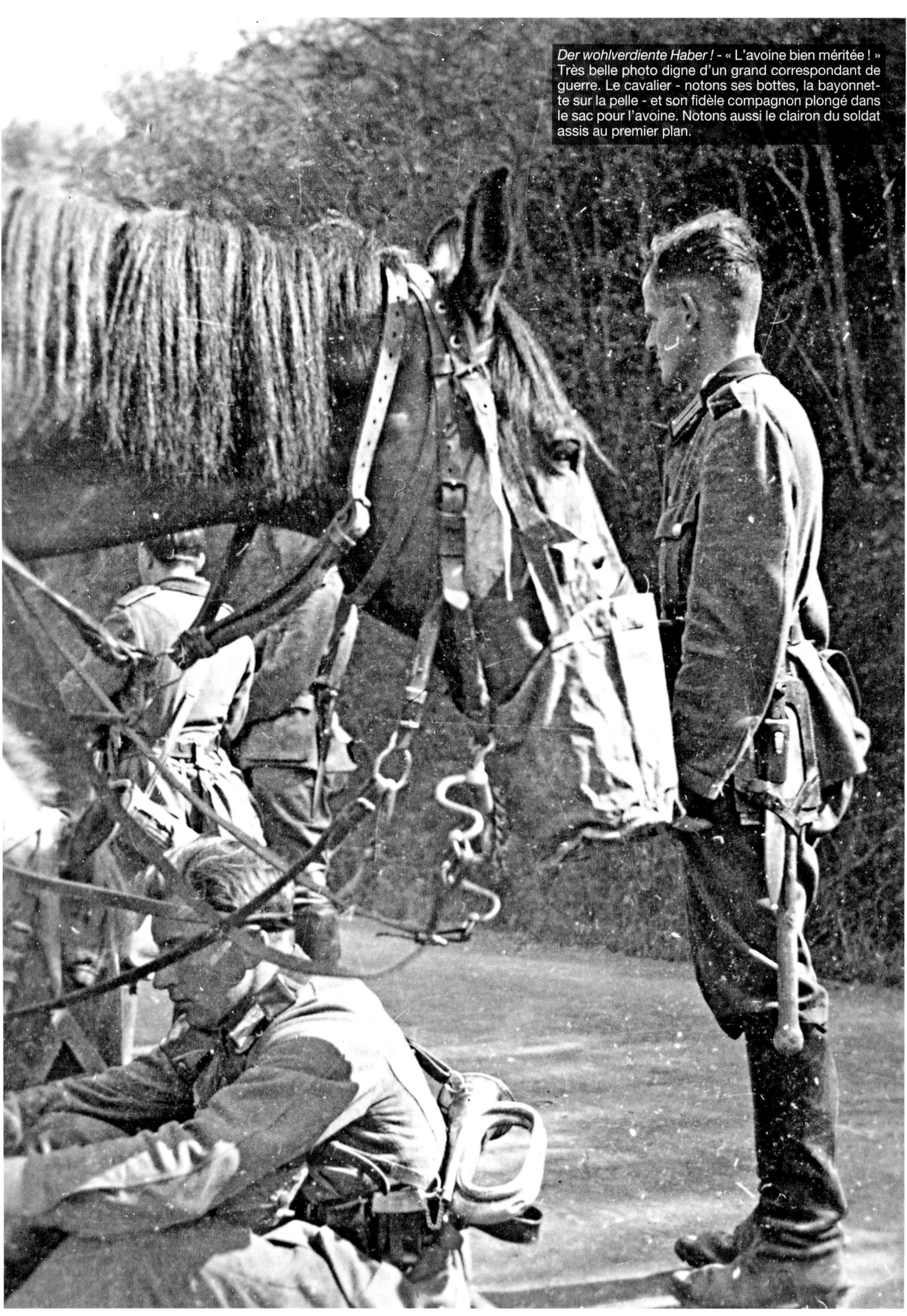

Der wohlverdiente Haber ! - « L'avoine bien méritée ! » Très belle photo digne d'un grand correspondant de guerre. Le cavalier - notons ses bottes, la bayonnette sur la pelle - et son fidèle compagnon plongé dans le sac pour l'avoine. Notons aussi le clairon du soldat assis au premier plan.

Ci-contre : *Kriegskamerad Soldatenpferd* - « Camarade de guerre, le cheval du soldat ».

Ci-dessous : autre moment d'émotion pour les hommes de la 13e compagnie, arrivés sur les bords de la Somme, se souvenant des sacrifices consentis ici par leurs pères durant la Grande Guerre. Cette photo est intitulée « Cimetière de héros sur la Somme » ; notons que les soldats visitent ici, avec respect, les tombes des « héros »..., ici du Commonwealth.

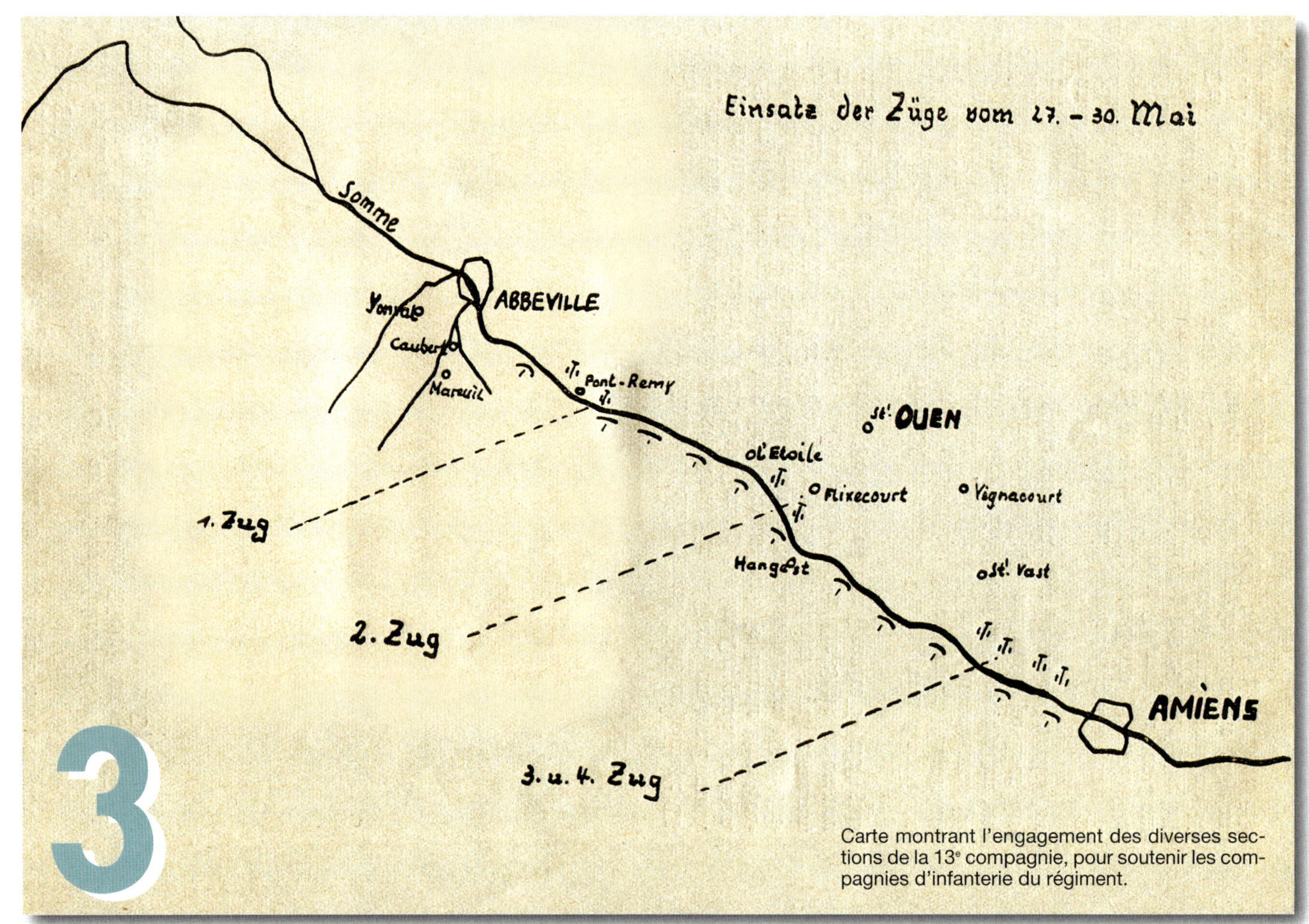

Carte montrant l'engagement des diverses sections de la 13e compagnie, pour soutenir les compagnies d'infanterie du régiment.

3 LE PREMIER ENGAGEMENT : LA SOMME

Auprès de la 1re section

« … Ainsi, notre ordre d'engagement vient de nous parvenir. Nous sommes particulièrement heureux de pouvoir enfin être engagés face à l'ennemi. Le Leutnant *Heuser, notre chef de section, arrive en grondant avec un véhicule antédiluvien, qu'il a récupéré quelque part en ville. Le* Zugtrupp (1) *prend place, avec des sentiments variés, dans ce "carrosse à essence" et part reconnaître la* B-Stelle. (2) *Les servants de pièce sont aussi habiles à la mise en œuvre avant que les attelages affectés à ces pièces soient arrivés sur position : deux charrettes françaises typiques, avec les paysans, ont été mises à contribution, les chevaux harnachés et le matériel nécessaire chargé, les pièces accrochées et tout le charroi s'est mis en route vers la Somme. Avec fracas et craquements, la côte est grimpée et les pièces sont mises en position de tir* (3)*. Nous nous trouvons à proximité du village de* ***Pont Remy****, à environ 1 500 mètres du cours de la Somme. Les pièces sont camouflées, des trous individuels sont creusés et le premier contact avec l'ennemi est attendu avec beaucoup de tension. Mais, pour l'instant, tout reste calme dans le secteur de combat. Le lendemain, un changement de position est effectué et la tension du combat est plus visible. Le Français nous a, de toute évidence, repéré et nous envoie des tirs sérieux. Nous-mêmes repérons des mortiers ennemis sur le versant opposé ; ils tombent sous les coups de nos pièces. Tandis que nous commençons déjà, lentement, à nous habituer au sifflement des balles, nous sommes relevés… »* (4)

La 2e section, près de Flixecourt

… Nous étions entre Amiens et Abbeville, derrière le versant dominant la rive de la Somme. L'ennemi s'était installé sur le terrain de la rive opposée [sud]. Soudain, vers midi, le **29 mai**, notre *B-Stelle* nous transmet un ordre de tir - *Feuerkommando*, pour détruire trois véhicules radio sur la rive ennemie. Afin de pouvoir combattre cet objectif, aussitôt et efficacement, nous devons faire un changement de position et rejoindre le pied du versant. Au triple galop, notre section dévale avec les pièces jusqu'au pied du versant et les installent en position de tir. De courts ordres de tir suivent et, bientôt, les premiers obus quittent les tubes. Un ordre arrive maintenant de la *B-Stelle* : « Cadence de tir accrue ! » Et toutes les pièces se mettent à donner ce qu'elles ont. Nous attendons, tendus, les résultats de nos tirs. Le visage épanoui, notre chef de section nous annonce, qu'avec ces premiers tirs de la guerre nous avons obtenu un succès total. Les trois véhicules radio, qui auraient pu exercer leur réelle efficacité, ont été détruits par les tirs bien dirigés et la remarquable coopération des servants de pièces. A notre grande joie, nous devons examiner le résultat de notre tir avec la binoculaire. Cependant, la réponse d'en face ne se fait pas attendre longtemps : soudain, vers 17 heures, nous subissons de violents tirs d'artillerie. Ils durent vingt minutes mais sans résultat sur nous.

Après le retour du calme, et alors que nous ne remarquons rien de particulier du côté de l'ennemi, nous opérons un changement de position et nous nous camouflons bien. Avec l'arrivée de l'obscurité, nous cherchons à dormir un peu. Une partie de l'équipe utilise, comme dortoir, un camion français détruit se trouvant à proximité, tandis que les autres vont coucher sous la tente. Cependant, le repos ne dure pas longtemps et, soudain, vers 2 heures du matin, de violents tirs de mortiers débutent. Les tirs se concentrent principalement sur notre secteur ainsi que sur le village **L'Etoile**, se trouvant à proximité et qui abrite le poste de

(1) Equipe de commandement de la section.

(2) *Beobachtungs-Stelle* : position d'observation.

(3) Image sidérante d'une armée allemande procédant comme dans les siècles passés…

(4) Il s'agit du témoignage d'un membre de la 1re section, rapporté à l'auteur, qui le produit ici entre guillemets.

L'auteur évoque les sacrifices de leurs pères et leur sang versé sur la Somme durant la Grande Guerre mais, en illustration, il nous propose ici un *Heldenfriedhof* (« cimetière de héros » - cimetière militaire)… anglais près d'Amiens, témoignant du respect pour l'adversaire.

B-Stelle au-dessus de la vallée de la Somme.

commandement de la 5e compagnie. Bien que les Français devaient savoir que le village était encore occupé par des civils, ils l'ont pris sous des tirs violents de l'artillerie et des mortiers. Les tirs cessent au bout d'environ une heure et nous nous assurons que nos pièces sont intactes et que tout est en ordre sur la *B-Stelle*. Nous tentons encore d'utiliser les quelques heures nous séparant de l'aube pour dormir… (5)

Les 3e et 4e sections, le *Kompanietrupp* et le *Tross*

Au soir du **28 mai**, les 3e et 4e sections quittent Saint-Ouen avec leurs véhicules. On monte vers le front sur une route étroite. Angoissés, à **Vignacourt**, les habitants sont sur le pas de leurs portes. Car le tonnerre des pièces d'artillerie est déjà bien reconnaissable. Nous atteignons une hauteur nous permettant d'observer largement la vallée de la Somme. Sur notre gauche, au milieu de la fumée et de la brume, la ville d'**Amiens**. Nous nous rappelons les combats acharnés ayant eu lieu dans cette région durant la Grande Guerre et les grands sacrifices que notre peuple a dû alors fournir.

Nous établissons notre position de tir sur cette hauteur ; les attelages et le *Tross* (train de combat) sont restés à **Saint-Vast** [Saint-Vaast-en-Chaussée] ; où se trouve aussi le poste de commandement du bataillon. Pour la première fois, nous allons être confrontés à un vrai adversaire, en progressant prudemment en utilisant le terrain, pour pouvoir nous installer sans être remarqués. Tout à fait en avant sur la hauteur, dominant largement la Somme, se trouvent les *B-Stellen* de la compagnie et de la 3e section. La *B-Stelle* de la 4e section est installée un peu en arrière sur une guérite de chasseur, à l'orée d'une forêt. Le poste de commandement de la compagnie se trouve à proximité, dans une maison forestière cachée dans la forêt. Il y a encore beaucoup à faire durant la nuit : des lignes téléphoniques doivent être tirées, la liaison avec le bataillon est établie et il sera difficile de pouvoir bien dormir durant cette nuit. Tendus, nous attendons le jour qui vient. Que va-t-il amener ? Il ne fait pas encore vraiment jour et, déjà, surgissent les bombardiers allemands et ils larguent dans les forêts leurs bombes semant la mort. De grands nuages de fumée grimpent au-dessus de la région d'Amiens. Quelques impacts de bombes sont bien visibles sur la forêt du côté opposé. L'ennemi sort en courant de cette forêt… un merveilleux et aussi terrible spectacle. Où se trouve la défense française ? Où sont les chasseurs français ? Le reste de la journée est calme.

Pendant la **nuit du 29 au 30 mai**, de nombreux tirs d'artillerie s'abattent à proximité, mais un profond silence va régner pendant la matinée de la nouvelle journée (30 mai). Une épaisse couche de brouillard empêche toute observation. Nous pouvons nous déplacer tout à fait ouvertement, sans être observés par l'ennemi. Cependant, progressivement, le soleil perce, les hauteurs et collines, situées de l'autre côté de la Somme, émergent lentement de la mer de brouillard et apparaissent sous nos yeux, balayées par les rayons solaires. Nous ne remarquons rien de notre adversaire. Il est devenu prudent et attentif. Nous tirons avec nos pièces et les premières directions de tir ne sont pas mauvaises. Nous continuons de tirer et donnons encore un nombre conséquent d'impacts sur des objectifs reconnus et nous sommes tendus, attendant de voir comment l'adversaire va répondre à cette « manœuvre ». En fait, nous n'attendons pas longtemps : comme un signe convenu, les pièces françaises opposées envoient leurs obus sur nos positions de tir et d'observation. Cela hurle, craque et siffle de tous côtés, bientôt devant, bientôt derrière nous. En fait, ce bruit infernal ne dure pas très longtemps mais nous suffit pour ces premières salutations. Nous savons maintenant à quoi nous attendre en ce qui concerne les tirs subis de l'artillerie française. Et, par ailleurs, nous avons suffisamment appris de la précision des canonniers français. Les *B-Stellenleute* (observateurs) de la 4e section pourront en dire beaucoup…

De manière totalement imprévue, arrive ce soir-là l'ordre de céder à une autre unité le secteur de combat tenu jusqu'à présent et de se tenir prêts à d'autres missions. Ce n'est pas de gaieté de cœur que nous abandonnons notre première position près d'Amiens ; nous devons progresser toute la nuit, traverser encore rapidement Saint-Ouen et prendre quelques heures de repos. Puis on continue, toujours plus loin le long de la Somme, en direction de la mer…

(5) Il s'agit là aussi de toute évidence d'un rapport passé entre les mains de l'auteur, mais a été publié sans guillemets. Par contre, pour le texte suivant, il s'agit bien de son témoignage.

La 13e compagnie est l'une des unités de l'*Infanterie Regiment 199* appelé, par tradition, *Regiment List.*

Une tente en poncho Zeltbahn abrite un poste de lignes téléphoniques reliant les *B-Stellen* aux sections de la compagnie.

par Georges Bernage
avec la participation de Jean-Yves Mary

LA BATAILLE D'ABBEVILLE : UNE VICTOIRE FRANÇAISE MANQUÉE DE PEU

Alors que la *57. Infanterie-Division* était une unité de réserve hippomobile, envoyée en renfort sur le front de la Bataille de France, elle va affronter le poids principal de la seule contre-attaque française ! En effet, le 27 mai, à 20 heures, le 3ᵉ Groupe d'Armées avait communiqué : « *La tête de pont d'Abbeville doit être réduite demain 28.* »

La *57.ID* vient à peine de relever la *2. (mot.) Inf. Div.*, à l'issue d'une marche épuisante. Et, ce 28 mai, elle n'aligne encore que l'un de ses régiments d'infanterie (le *217.IR*), un seul groupe d'artillerie (*III.AR 157*), son groupe antichar (auquel il manque une compagnie) et une seule compagnie de sapeurs (*2./Pi.Bat. 157*) renforcée cependant par deux unités de la *2. (mot.) ID* encore en place : *7./AR2* et une section de Flak de 2 cm. C'est encore bien peu, environ le tiers des effectifs de la division pour tenir une large tête de pont. Elle va devoir tenir les ponts sur la Somme, points de franchissement vers le sud, tandis qu'on se bat à Dunkerque.

Pour l'attaque franco-britannique sur Abbeville, les moyens sont importants. Tout d'abord, au centre, la **4ᵉ DCR** du colonel de Gaulle, qui a subi des pertes à Montcornet mais dispose encore de moyens importants en blindés : - la *6ᵉ Demi-Brigade* aligne 13 chars B au 46ᵉ BCC, 19 chars B au 47ᵉ BCC ; - la *8ᵉ Demi-Brigade* aligne 45 R35 tout neufs au 44ᵉ BCC ; quant aux 2ᵉ BCC et 24ᵉ BCC, ayant souffert devant Laon, ils n'alignaient plus que 20 R35 « fatigués ». Les AMD du 10ᵉ Cuir n'ont plus que 14 auto-mitrailleuses. Le 3ᵉ Cuir aligne encore 20 Somua et 20 Hotchkiss - Soit un total de 32 redoutables B1bis et 105 chars divers. L'infanterie aligne le 4ᵉ Bataillon de chasseurs portés, le 7ᵉ Dragons portés et le 22ᵉ RI coloniale. L'artillerie est conséquente - 24 pièces de 105 mm au 322ᵉ RATT, 12 au 305ᵉ RATT, plus l'artillerie de la 2ᵉ DLC. En effet, à l'ouest, sur l'aile gauche, l'attaque de la 4ᵉ DCR sera appuyée par deux autres divisions : la **2ᵉ DLC** et la **5ᵉ DLC**. Ces trois divisions cuirassée et motorisée ne devraient faire qu'une bouchée d'une simple division d'infanterie, ne disposant encore ici que d'environ un tiers de ses effectifs, en train de s'installer et n'ayant pas encore connu l'épreuve du feu à l'Ouest, et pourtant…

Comme le rappelle Henri de Wailly (1) : « *En tout cas, il faut aller vite (…), le général Blümm affirme qu'il ne pourra en aucun cas être sur place le 29 ou le 30 : ses troupes marchent sans repos depuis douze jours (…), une relève dans la nuit du 27 est donc humainement impossible.* » Ainsi, le général Wietersheim, « *qui est motorisé, trouve la solution : dans la nuit du 26 au 27, il expédie un convoi de camions de son* XIV.AK *au devant des fantassins de Blümm. Le ciel couvert protège la manœuvre. Filant "comme des pompiers", les véhicules partent embarquer sept bataillons d'infanterie, - environ 5 000 hommes - et les amènent immédiatement dans la région d'Abbeville. L'artillerie, en totalité attelée, continue au pas des chevaux : elle sera en retard sur les troupes. Jusqu'à l'arrivée des chariots qui portent les munitions d'infanterie, les Allemands ne disposeront pas de dotation régulière en cartouches et grenades. Le 27, le convoi parcourt 50 km.* » La *57.ID* sera en place le 28 mai au matin, mais avec seulement 5 000 fantassins, pour faire face à la ruée des blindés… Elle sera renforcée par la *Flak-Abteilung 64* qui fera merveille avec ses 12 pièces de 8,8 cm des trois premières batteries, mais, pour l'instant, seule la 4ᵉ batterie est arrivée avec des pièces de 2 cm.

Ce moment est particulièrement favorable aux Français, comme le souligne Henri de Wailly, (2) d'autant plus que la *57.ID* ne pourra aligner qu'un seul groupe d'artillerie ce 28 juin, seulement à partir de 17 heures, (3) avec seulement 4 obusiers de 10,5 cm !

Ce **mardi 28 mai**, la matinée est passée à rassembler la 4ᵉ DCR, dont la composition ne cesse d'évoluer (4). Le début de l'attaque est fixé à **17**

Ce char R 35 du 44ᵉ BCC a basculé dans un chemin creux lors de l'attaque et il est resté couché sur le flanc. Le site est en effet coupé de chemins creux qui profitent nécessairement à la défense. (DR)

heures. Le plan du colonel de Gaulle est simple : s'emparer du Mont de Caubert dominant Abbeville. De Gaulle est parfois présenté comme un précurseur dans l'engagement des unités blindées mais, déjà, à Montcornet, il a pu se rendre compte que l'arme blindée française est alors un colosse aux pieds d'argile, la plupart des chars français ne disposent pas de radios. Cette grave lacune nous avait été déjà soulignée par les spécialistes du Musée des Blindés de Saumur il y a une trentaine d'années. (5) Quand le colonel de Gaulle envoyait ses blindés à l'attaque, il n'avait plus le contact avec eux et ne pouvait plus contrôler leur progression. Alors que les connexions radio faisaient la force des panzers, leur absence dans les blindés français les menaient à leur perte et c'est ainsi que la victoire évidente d'Abbeville se terminera en échec, comme nous allons le voir. Le colonel de Gaulle a subi cette lacune mais ne l'a pas soulignée. Il ne fut pas un « prophète des blindés » comme Guderian, contrairement à ce qui est parfois écrit.

Ainsi l'attaque doit se faire en deux bonds. *« Le 47e BCC fonce sur Huppy sans rencontrer de résistance,* (6) *écrase les canons antichars et poursuit en direction du carrefour des Croiselles. Le 46e BCC suit avec le 4e BCP mais, bien que traversé par le 47e BCC, Huppy est toujours aux mains des Allemands* (7) *qui opposent une résistance opiniâtre aux chasseurs. Le combat va se poursuivre jusqu'à 21h30. La* 10.Kp. *de l'*Inf.-Rgt. 217 *est pratiquement anéantie. La* 9.Kp.*, qui occupe Caumont, est attaquée par la 8e Demi-Brigade et le II/22e RIC.* (8) *L'attaque se porte tout d'abord sur le château, devant lequel se fait tuer le sous-lieutenant Cabanel (2/44e BCC), à bord de son char, puis sur le village, qui est rapidement enlevé. Les chars continuent ensuite vers Mareuil-Caubert, où ils pénètrent seuls, les fantassins n'ayant pas suivi. Les chars sont obligés de se replier.*

A droite, l'attaque menée par le 3e Cuir. et le I/22e RIC, se déploie vers Bailleul et Bellifontaine, qui sont rapidement dépassés, et la lisière nord du Bois de Fréchemont est atteinte.

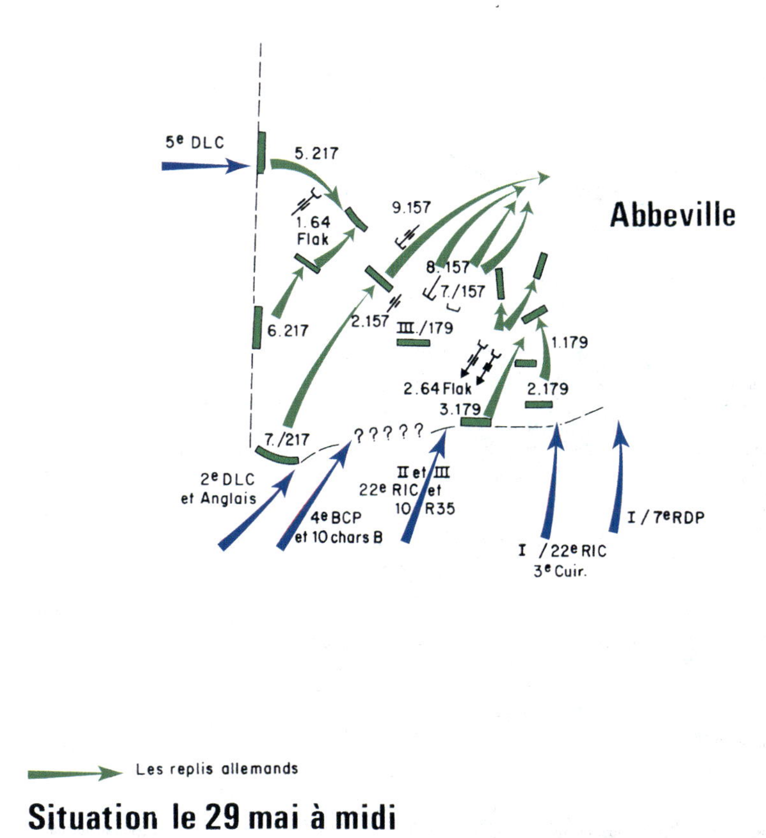

(1) Henri de Wailly, « La relève », dans *Abbeville 1940*, Perrin, 1990, pages 37 à 54.

(2) *Op. cit.*

(3) Le *III./AR 157*, du *Major* Fleischamnn.

(4) Voir Jean-Yves Mary, *Mémorial de la Bataille de France, du 22 mai au 4 juin 1940*, vol. 2, Heimdal, 2017, p. 134.

(5) Dont le colonel Aubry et le capitaine Tributsch.

(6) En raison de la faiblesse de ses forces, le général Blümm avait recommandé une « défense élastique ».

(7) De la *10./217*.

(8) Notons au passage l'écrasante supériorité française.

Ci-dessus : cette carte nous montre la situation la plus favorable pour les franco-britanniques, et surtout la 4e DCR du colonel de Gaulle. Au deuxième jour de l'attaque, les fantassins bavarois ont été repoussés de leur première ligne la veille et, ce 29 mai, les puissants blindés français ont semé la panique dans leurs rangs ; ils se replient en désordre. La victoire est alors quasiment acquise pour la 4e DCR... mais elle ne le sait pas. (Carte Heimdal.)

L'attaque de la 4e DCR bouleverse les positions de la *57.Inf.-Div.* mais elle vient se briser devant Mareuil-Caubert. Ce char H 39 appartenant au 3e Cuir. s'est arrêté le long d'un talus près de Mareuil. (NARA)

Lors de l'attaque du Mont-Caubert, le « Tourville » du sous-lieutenant Jourdan est maintenu en 2ᵉ échelon. Il se porte au secours de l'« Eylau » qui brûle mais il est atteint à son tour. Son équipage parvient cependant à l'évacuer. Sur cette photo, il sert de décor à quelques civils visitant le champ de bataille. (Coll. P. Kerger)

Le ***soir****, la 4ᵉ DCR s'installe dans les positions atteintes, alors que les positions allemandes sont sérieusement entamées et que la poursuite est susceptible d'aboutir, du côté français,* ***on n'a pas pris conscience de la faiblesse du dispositif adverse*** *et on relève, surtout, que l'attaque a coûté cher : le 46ᵉ BCC a perdu 4 chars, le 47ᵉ BCC 14, le 3ᵉ Cuir laisse 7 chars S et un ou deux chars H sur le terrain, la 8ᵉ Demi-Brigade en a perdu une dizaine. De Gaulle transmet à ses unités ses instructions pour la reprise du combat le lendemain. »* (9)

Le **mercredi 29 mai**, *« à la 4ᵉ DCR, les objectifs fixés par de Gaulle à ses unités sont les mêmes que la veille : seule différence, mais elle est de taille, les assaillants vont s'élancer depuis les positions conquises. En contrepartie, les effectifs ont fondu. Ainsi, la 6ᵉ Demi-Brigade ne peut plus aligner que dix chars B. Le 44ᵉ BCC n'a plus que vingt chars B. Le 44ᵉ BCC n'a plus que vingt chars R. L'attaque bénéficie cependant du soutien des* ***chars britanniques*** *et des éléments motorisés des* ***5ᵉ*** *et* ***2ᵉ DLC****,* qui doivent attaquer vers Cambron et s'emparer du Mont de Caubert. Du côté allemand, le dispositif s'est renforcé, notamment grâce à l'arrivée de l'artillerie dont l'absence, la veille, a été particulièrement préjudiciable.

« L'attaque démarre après une violente préparation d'artillerie à laquelle répond l'artillerie allemande. L'heure fixée est 4 heures, mais en raison de mise en place, les unités vont s'élancer en ordre dispersé, entre 3 et 5 heures. Les dix chars B de la 6ᵉ Demi-Brigade sont les premiers à s'engager, suivis par les chars R : ils sont aussitôt, la cible de l'artillerie allemande, qui en détruit plusieurs. Les derniers à s'engager sont les chars S du 3ᵉ Cuir, qui démarrent, vers 7 heures.

Au lieu de s'avancer ver l'objectif, les chars B doivent, à deux reprises, se détourner pour aller soutenir les fantassins du 22ᵉ RIC, en difficulté à Huchenneville puis devant Villers-sur-Mareuil. (...)

Séance de pose devant le char « Eylau » du lieutenant Robinet (47ᵉ BCC) : touché par deux obus de 10,5 cm, le char a pris feu et il a dû être abandonné à hauteur de Villers. (Coll. P. Kerger)

Mais les lourds blindés français vont aussi écraser des pièces de Flak, comme cette pièce de 2 cm - O. Bär évoque cette situation.

Sur le front de la 1st Armoured Division *et de la 5e DLC, l'opération démarre dans un brouillard profitant aux assaillants. Malheureusement, dès que celui-ci se lève, les fantassins du* II./Inf.-Rgt. 217 *demandent l'intervention de l'artillerie sur les chars qui sont à moins de cinq cents mètres des positions allemandes. Les blindés doivent se replier mais leur apparition a* **semé la panique** *dans les rangs allemands et les fantassins, peu aguerris,* **se replient en désordre** *vers Abbeville. Il en va de même plus au sud où les chars anglais attaquent avec l'aide de la 2e DLC. L'ennemi recule et le 3e RDP parvient à s'installer à Béhen alors que le 4e BCP occupe Bienfait. La section Frey, du 2e RAM, perd ses quatre engins durant l'action (trois chars sont incendiés, un quatrième est immobilisé par un tir direct). Là encore, l'artillerie allemande parvient à briser l'attaque mais l'infanterie ennemie, bousculée, abandonne ses positions.*

***La victoire est donc à portée de mains** des assaillants mais, alors que les positions adverses sont sur le point de rompre, l'attaque française s'arrête. Lorsqu'elle repart enfin, à 16 heures, les Allemands se sont ressaisis et ont réoccupé leur terrain, un instant abandonné. La chance est passée…*

Les combats qui vont se dérouler alors sont nettement plus confus que ceux de la matinée : les Allemands s'accrochent aux villages attaqués et se permettent même de lancer des contre-attaques qui échouent, tout comme les actions franco-britanniques.

Dans la soirée, cependant les Allemands tenteront de reprendre Mesnil-Trois-Foetus, mais le III./Inf.-Rgt. 179 *ne parviendra pas à se maintenir pas plus que ne réussira la contre-attaque lancée sur Mareuil-Caubert. La nuit sépare les combattants sur l'impression générale que l'attaque française se déroule toujours favorablement, malgré les pertes et que l'offensive prévue pour le lendemain devrait enfin voir la réduction de la poche.* » (10)

Le **jeudi 30 mai** a lieu la troisième attaque de la 4e DCR. Du côté allié, les effectifs ont fondu et, du côté allemand, 8 pièces de Flak de 8,8 cm de la *I./Flak-Rgt. 36* sont arrivées, quatre sont placées dans le secteur de Cambron et quatre autres pour la défense du Mont de Caubert. Alors que l'offensive doit débuter à 17 heures, des premiers combats ont lieu dès **9 heures** ; les coloniaux du II/22 RIC s'emparent de Villers vers 12h30 mais ils seront refoulés dans les bois - Les Allemands, pourtant largement surclassés, le rapport était d'environ 12 contre un au début, se renforcent progressivement et ont l'intention de reprendre l'ascendant et attaquent vers **13 heures** *(III./179* et *I./179)* mais se heurtent au feu des mitrailleuses françaises et aux préparatifs de l'offensive franco-britannique.

Les Alliés repartent ainsi à **17 heures** vers le Mont de Caubert. La 5e DLC couvre le flanc gauche, la 2e DLC attaque vers Cambron, ces deux divisions étant soutenues par une compagnie du *Black Watch (51st ID)*. Dès le début de l'attaque de ce groupement ouest, cinq chars sont détruits par les 8,8 cm et l'infanterie (II/7e RDP) étant clouée au sol, le repli a lieu.

Au centre, le 4e BCP, appuyé par 11 chars B (6e Demi-Brigade), tente de reprendre Mesnil-Trois Foetus mais, là encore, des canons de 8,8 cm détruisent 8 des 11 chars français. L'arrivée, à 19 heures, de chars S ne parvient pas à relancer l'attaque face à des Allemands s'accrochant au village ruiné. L'aviation française intervient alors mais la 4e DCR est exsangue et elle ne pourra plus reprendre l'offensive…

(9) J.-Y. Mary, *op. cit.*, pages 135 et 136.
(10) J.-Y. Mary, *op. cit.*, p. 150, 151 et 152.

Situation le 30 mai

Le général Blümm a ramené ses troupes sur le front ; ses fantassins vont résister à l'assaut et, demain 31 mai, alors que la 4e DCR est épuisée, son troisième régiment, l'*IR 199* va monter en renfort : la situation s'inverse. (Carte Heimdal.)

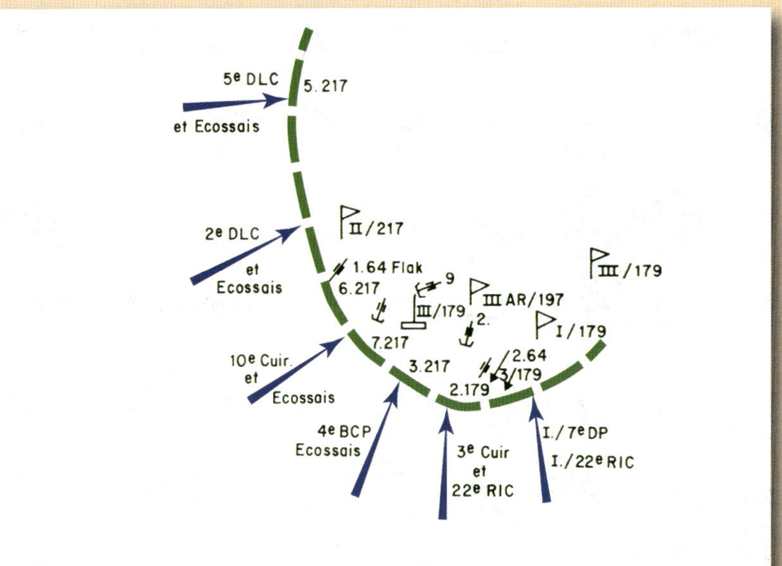

Ci-dessus : l'attaque de la 2ᵉ DCR sur le Mont-Caubert va se solder par la perte de nombreux engins. Parmi ceux-ci, le « Crécy-au-Mont » (347ᵉ CACC) détruit sur les pentes du Mont-Caubert après avoir neutralisé un redoutable canon de 8,8 cm. Le lieutenant Blondelet, chef de char, et le chasseur Célerier sont tués lors de cette attaque. Le char semble avoir pivoté avant d'être détruit puisqu'il fait face au bois de Villiers. (ECPAD)

Ci-dessous : cimetière de chars français devant le Mont-Caubert : chars H et B 1 bis se sont entassés les uns près des autres dans le goulot d'étranglement que constitue le passage entre le village de Villers et le bois situé au nord-ouest, après s'être heurtés aux tirs des canons de 8,8 cm et aux champs de mines allemands : deux chars B 1 bis (dont le « Lodi » du lieutenant Becquet, à gauche, détruit le 29 mai) et deux chars H 39 sont visibles sur ce document. (Coll. P. Kerger)

Le **vendredi 31 mai**, le colonel de Gaulle ayant fait part au général Altmayer de l'épuisement de son unité, il ne lui reste plus que 24 chars dont deux chars B, il n'est plus en mesure de poursuivre et sa division abandonne le secteur - sauf son artillerie laissée à disposition de la *51st ID*. Elle sera relevée par la 2ᵉ DCR, et la 5ᵉ DLC (général Chanoine) par la *51st ID* (général Fortune). Cette dernière s'empare du bois de Cambron vers 16h15.

Le **samedi 1ᵉʳ juin**, la *57.ID* reçoit enfin des renforts en infanterie. C'est ce jour-là que l'*IR 199 « List »* est en ligne et que commence le récit d'O. Bär sur la Bataille d'Abbeville, la situation évolue ainsi favorablement en faveur des Allemands, passant de dramatique à stable. Mais selon les ordres du GA3, le général Altmayer décide de relancer l'attaque, afin de détruire les ponts sur la Somme et de bloquer les Allemands. *« Dès 8 heures, il adresse au général Fortune, qui a pris la veille, à 12 heures, le commandement du secteur, un ordre d'attaque pour le 3 juin au matin. La* 51st ID *sera renforcée par la 2ᵉ DCR, disposant encore de 120 chars, dont 20 chars B et par la 31ᵉ DI. Deux groupes d'artillerie de la 10ᵉ Armée (75 et 155 GPF) appuieront l'offensive. »* (11) Ainsi, le **dimanche 2 juin**, dans la matinée, Altmayer se rend au PC de Fortune prendre connaissance des dispositions prises pour l'attaque sur Abbeville ; elle a été reportée au 4, afin de permettre la mise en place des troupes sur leur base de départ. Des renforts arrivent, la 16ᵉ DI relève la 7ᵉ DIC. Et, le **lundi 3 juin**, il est décidé que la **2ᵉ DCR** attaquera le long de la crête du Mont de Caubert, soutenue sur sa droite par une demi-brigade écossaise et, sur sa gauche, par la 31ᵉ DI. La droite de l'opération sera couverte par la 2ᵉ DLC. Beaucoup de monde pour la *57.ID* ! L'attaque est fixée au 4 juin à 3h30.

Mardi 4 juin, la nouvelle attaque sur Abbeville va être menée par le général Fortune, engageant la 31ᵉ DI du général Vauthier, une division type montagne, et la *152nd Brigade* avec l'appui des chars de la 2ᵉ DCR, celle-ci dispose encore de 21 chars B, 35 chars H, 82 chars R. *« L'objectif intermédiaire sur lequel l'arrêt ne doit pas excéder quinze minutes, est constitué par la plaine de la Croix-qui-Corne - la ferme de Mesnil-Trois-Foetus et le Mont de Caubert et, l'objectif final, la crête dominant la Somme, de la Cote 79 au Camp de César. »* (12) En face, la *57.ID* est maintenant complète et a établi devant elle de nombreux champs de mines.

Une préparation d'artillerie de dix minutes et l'attaque commence à **3h30**. *« Dès le départ, les chars B se trompent de direction et ils appuient trop à droite, en direction de la route nationale. Ils se heurtent à un champ de mines battu par des pièces antichars et subissent des pertes sévères. Cependant, certains chars forcent le barrage. L'autre compagnie de chars attaque entre le bois rectangulaire et la ferme de Mesnil-Trois-Foetus et, malgré des pertes élevées dues aux mines et aux antichars, certains chars arrivent à Yonval. Malheureusement, l'infanterie n'a pas suivi. (...) Néanmoins, vers 4h30, l'objectif intermédiaire est atteint et les chars poursuivent vers l'objectif final, semant au passage le désordre dans les positions allemandes. (...) Devant Villers-Mareuil, réoccupé la veille par les Allemands, l'attaque des Ecossais est brisée avec des pertes sévères et de nombreux chars sont détruits, d'autant que la défense allemande se renforce (...) A* ***7h30****, le groupement Roche occupe les flancs ouest et est du ravin du Mont de Caubert mais la 31ᵉ DI n'a pas suivi, car elle se heurte à de fortes résistances. (...) De 8h45 à* ***11 heures****, ce qui restait des chars a dû revenir sur la base de départ pour refaire les pleins et ravitailler en munitions mais Fortune qui est sûr que l'attaque n'a aucune chance de réussir, après les pertes de la matinée, décide d'annuler l'opération et de mettre sur pied une nouvelle attaque pour le 6 juin. Au terme de l'opération, la 2ᵉ DCR, qui a perdu 33 chars, ne possède plus que 6 chars B et 67 chars légers (H et R). La* 152nd Brigade *a été également très éprouvée, puisqu'elle a perdu au cours de la journée, 20 officiers et 543 hommes. »* (13)

Le char B « Ney » de la 348e BCC saute sur une mine, à 500 m au nord de Mareuil et il doit s'immobiliser, chenille gauche arrachée. (ECPAD)

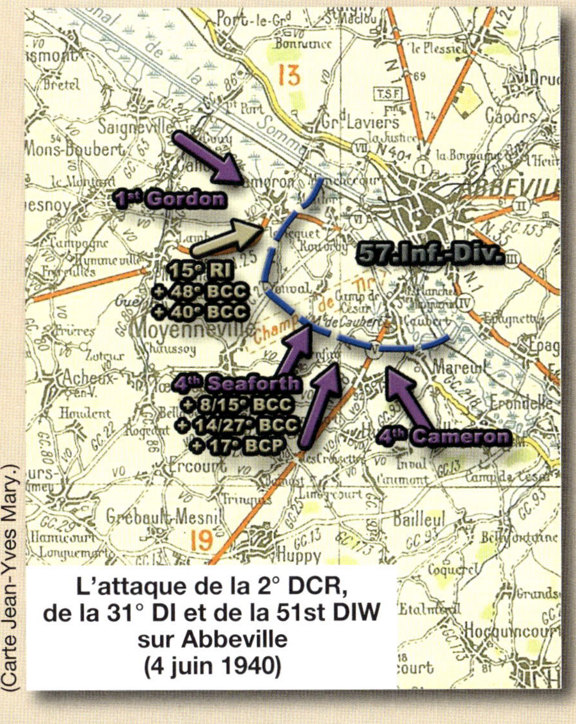

L'attaque de la 2° DCR, de la 31° DI et de la 51st DIW sur Abbeville (4 juin 1940)

(Carte Jean-Yves Mary.)

Mais c'est bien fini et cette bataille, qui aurait dû être une victoire indiscutable, avec les quelques milliers de Bavarois écrasés sous le rouleau de fer d'un rapport de forces écrasant en faveur des Français et Britanniques, se termine en échec. Au second jour de l'attaque de la 4e DCR du colonel de Gaulle, la victoire était, quasiment acquise, les chars B avaient terrorisé les fantassins de la 57e Division. Ils fuyaient et ont été ramenés en ligne par le général Blümm. Mais de Gaulle ne le savait pas et a laissé passé ce qui aurait pu être la seule victoire française en 1940. Ceci démontre que l'armée blindée française, sans radio, n'avait aucune chance…

Le *7,5 cm Leichtes Infanterie-Geschütz 18*

La 13e compagnie est une unité d'appui de l'*Infanterie-Regiment 199 « List »*. Elle est équipée de pièces légères d'infanterie de 75 mm, *7,5 cm Leichtes Infanterie-Geschütz 18 (7,5 cm le IG 18*, en abrégé*)*, à raison de deux pièces pour chacune des quatre sections, soit huit *IG* pour la compagnie. Le développement de cette pièce, pour appuyer les régiments d'infanterie, a commencé en 1927 et elle entra en service en 1932. Elle sera produite en deux versions de base, l'une pour la traction hippomobile - c'est le cas ici avec des roues en bois à rayons (pièces pesant 405 kilos), et l'autre pour la traction motorisée avec des roues en métal avec pneumatiques (pièce pesant 570 kilos en action). Ce fut l'une des pièces les plus répandues dans la Wehrmacht.

Avec son canon court (long de 783 mm), elle portait à 3 550 mètres (4 600 mètres avec une charge augmentée) avec une cadence de tir de 8 à 12 coups à la minute, à 221 m/sec. Conçue par Rheinmetall-Borsig AG à Düsseldorf, elle a été produite par la Böhm. Waffenfabrik à Strakonitz et Habämfa à Ammendorf/Halle.

(11) J.-Y. Mary, *op. cit.*, p. 168.
(12) J.-Y. Mary, *op. cit.*, p. 187.
(13) idem.

Le goulet vu de l'arrière avec les pentes du Mont-Caubert à l'arrière-plan. A gauche, le bois de Villers. (Coll. P. Kerger)

4 LES COMBATS D'ABBEVILLE

La vision d'Abbeville procure beaucoup d'émotions aux hommes de la compagnie, se remémorant les récits de leurs pères ou de leurs maîtres, évoquant les lourds sacrifices subis ici durant la Grande Guerre…

Abbeville… un sentiment inoubliable pour nous tous. Avec un tremblement glacial mais, en même temps, avec une fière conscience d'avoir accompli des exploits héroïques, nous nous souvenons aujourd'hui de notre destin sur la Somme, qui nous a conduit à être des hommes impavides et, avec une profonde émotion, nous nous souvenons du champ de bataille d'Abbeville durement disputé et imprégné du sang des soldats allemands. Des rangs de tombes fraîchement creusées témoignent des terrains de combat de l'héroïsme allemand (1). Ils n'ont pas pris de ville ni de forteresse, ils ont assuré le succès de la bataille d'encerclement se déroulant dans les Flandres. Epaule contre épaule, ainsi qu'ils ont combattu, nos soldats morts reposent dans cette terre, près d'Abbeville, qu'ils ont sacralisée de leur sang. Dans le livre de notre vie, au milieu de tous les événements, ces heures et minutes seront inscrites à jamais de manière indélébile, ces instants où nous pourrons voir de nos propres yeux, pour la première fois, le vrai visage de la guerre moderne et d'apprendre à la redouter. (2) Nous ne devons pas passer à l'attaque en fonçant à l'assaut, (3) en ces heures de renoncement, nous nous trouvons face à un ennemi disposant d'une supériorité matérielle (4) et conscient, face au destin, d'être prêt à s'engager à fond et fermement décidé. Si la tête de pont d'Abbeville ne pouvait être tenue par nous, alors l'issue victorieuse de la grande bataille d'encerclement, en train de se dérouler en Flandre, pourrait être remise en cause. Une mission irréalisable pour nous… que nous devions résoudre.

31 mai 1940… notre chemin nous mène toujours plus vers le nord, vers la mer, vers l'estuaire de la Somme. Le rapide changement de notre position, depuis Abbeville, nous confronte à diverses réflexions. Mais, ensemble, nous sommes convaincus que nous sommes indispensables pour des missions particulières. Pour la première fois, nous entendons le nom d'Abbeville et nous marquons une courte pause aux limites de la ville ; nous n'en voyons pas les maisons, mais le fracas des canons et des panaches de fumée nous suggèrent la proximité de la ville. Personne parmi nous n'imagine le cours des événements à venir, tout se déroule dans une tension pleine d'attente. Un membre du *Regiment 217,* (5) dont beaucoup de camarades de la compagnie avaient été membres quelques mois auparavant, arrive chez nous de manière imprévue et nous dresse un tableau des événements s'étant déroulés les jours précédents.

Nous ne le savons que trop : selon ses paroles, nous sommes à la veille d'une dure bataille...

Après cinq heures d'attente, le signe du départ arrive maintenant. Nos membres sont encore raidis par le sommeil mais il faut occuper la nouvelle position dès cette nuit, sans être remarqués par l'ennemi. Sur une large route asphaltée en légère montée, nous nous dirigeons vers notre destin incertain. A droite de nous, en plein champ, nous passons devant nos batteries et pièces de Flak avec les immenses tubes des pièces [de 8,8 cm], un aspect superbe de notre puissance et force militaire. Nous pouvons voir les premières maisons détruites d'Abbeville. Une route en forte descente nous conduit dans cette ville de l'horreur, de l'abandon et de l'effroi. Seules quelques maisons semblent épargnées par les combats. Dans toute la ville, rien d'autre que la destruction, les impacts d'obus, qui ne sont pas allemands mais proviennent de l'artillerie française qui, depuis le versant opposé, ouvre le feu sur sa propre ville. (6) Les rues ont été dégagées en urgence des pierres et des poutres les encombrant.

Entre-temps, la nuit est tombée. Signe épouvantable de la guerre. Entre maints murs de fondation tremblent encore les flammes des structures en feu, montant vers le ciel nocturne. S'y ajoute un silence suscitant l'angoisse. Il est rompu par le bruit de sabots des chevaux sur les rues pavées. Muets, nous passons devant les rangées de maisons détruites jusqu'à l'autre extrémité [sud] de la ville, où l'ennemi espère percer. Maintenant, les sections, qui avaient marché ensemble, vont à nouveau se séparer : la 4e section oblique vers la droite, la 2e section et le *Kompanietrupp* quittent aussi, vers la gauche, la route principale. Les positions sont reconnues et occupées, les trous creusés et bien aménagés. Le combat va commencer...

(1) L'auteur participe ici à l'esprit du temps mais il est aussi encore loin d'imaginer que la bataille de la Somme est loin d'être leur dernière bataille...

(2) Ici, aucun pathos, la guerre est *furchtbar*, terrible, redoutable.

(3) Sous entendu « avec inconscience », comme les prédécesseurs du régiment List qui, en 1914, ont foncé à l'assaut en chantant.

(4) Ces unités d'infanterie seront effectivement opposées à des blindés et le sort des armes était incertain pour les Allemands lors de cette bataille.

(5) L'un des trois régiments d'infanterie de la 57e Division.

(6) L'auteur, qui exprime, tout au long de son récit, un regard humaniste, ne peut être que peiné par les destructions générées en France par l'action de l'armée allemande, mais les refoule quelque peu. Et, sans les passer sous silence, il s'interroge sur les actes contradictoires générés par la guerre - un bel exemple de la psychologie humaine.

Mais déjà viennent s'ajouter de nouvelles tombes, celles de leurs camarades tués déjà près d'Abbeville lors de ces journées de 1940.

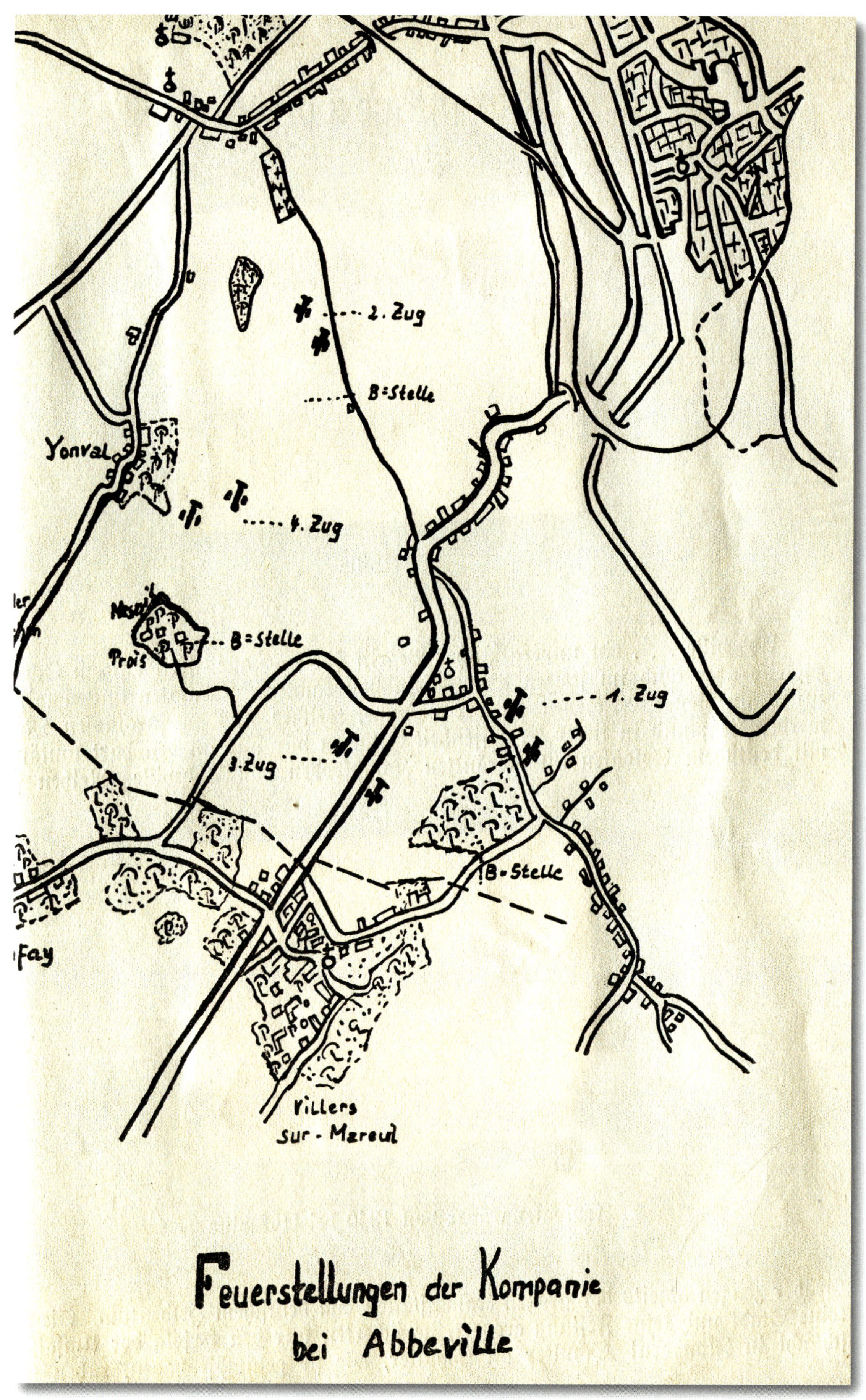

Positions de tir *(Feuerstellungen)* de la compagnie près d'Abbeville, en arrière de Bienfay et Villers-sur-Mareuil. On notera les diverses sections *(Züge)* avec leurs postes d'observation et de direction de tir *(B-Stellen)* et « le petit bois des Anglais » *(Engländer Wäldchen)*, au sud-ouest (à gauche de « Mesnil-Trois »). Ces pièces d'infanterie sont approximativement dirigées vers les positions d'un certain… colonel de Gaulle, qui était encore là quelques jours plus tôt.

Position de tir de la 2e section, bien camouflée.

Le calme avant la tempête

Du 1er au 3 juin

Rapidement synthétisée, la mission de combat pour notre 13e compagnie était :

« *Soutien des compagnies d'infanterie* (7) *du régiment en tenant la tête de pont d'Abbeville* ».

Par conséquent, les sections vont être engagées individuellement : la 1re section, sous le commandement du *Leutnant* Heuser, est mise à la disposition du Ier bataillon, sur l'aile gauche du secteur du régiment. Le *Kompanie-Trupp*, la section Ramsteck et la section Geigl (2e et 4e sections) sont placées à la disposition du IIe bataillon, sur l'aile droite. Et la 3e section, commandée par le *Feldwebel* Heimerl, soutient le IIIe bataillon. Nos sections sont ainsi séparées de manière assez large mais leur mission est commune.

Très vite, diverses sections vont faire connaissance avec des impacts d'obus, des tirs de mitrailleuses et des alertes au gaz. De jour comme de nuit, l'artillerie française ne nous accordera aucun répit. Tandis qu'en « période de paix », au commandement « *Granate* » (« obus »), nous avons effectué nos manœuvres sans enthousiasme et en partie de mauvais gré, les considérant chicanières, (8), nous sommes soudain revenus à une efficacité suscitée par la réalité. En tant que bons sportifs, lors des exercices, nous nous sommes toujours allongés à cinq centimètres au-dessus du sol, (9) en nous appuyant sur nos mains, afin de ne pas avoir à nettoyer notre uniforme après l'exercice. Nous n'avons plus aucun plaisir à continuer de pratiquer cette « sorte de sport ». Et maintenant, nous ne nous soucions plus que de nous incruster dans le sol pour échapper aux éclats.

La prise en charge de la position de tir va être particulièrement difficile pour la **3e section**. Un sous-officier va nous le raconter dans son journal personnel :

« *Avec notre section, nous avons avancé jusqu'à la sortie de la localité de Caubert. Là, nous avons attendu le chef de section qui nous a donné l'ordre de mise en place. Nous avons dû amener nos attelages de pièce jusqu'à mi hauteur, à l'ouest d'une carrière de graviers, et les dételer. Un feu roulant s'abattait sur la route. Le sifflement et le hurlement des obus étaient perceptibles.*

Nous avons dû attendre environ deux heures, que le feu baisse d'intensité. Mais en vain. Malgré les tirs, nous nous sommes décidés à amener les pièces dans la position de tir prévue. Mais nous n'avons pu aller loin, et nous avons dû nous mettre à l'abri. Toujours et encore, les obus continuaient d'arriver très près et, au bout d'un certain temps,

L'*Oberfeldwebel* Ramsteck, commande la 2e section. Ruban de l'*EKII* obtenu en Pologne.

(7) Alors, en 1940, *Schützen-Kompanien*.

(8) Un aspect insolite de la « discipline allemande »... mais il s'agit de Bavarois et non de Prussiens...

(9) C'est en effet le *Hinlegen* (« au sol ») que ces Bavarois considéraient « chicanier » *(schikanenhaft)*, malgré le leitmotiv : «la sueur épargne le sang » *(Schweiss spart Blut)*.

nous avons pu enfin mettre nos pièces en position. Jusque loin dans la nuit, nous avons dû nous consacrer à nos travaux de terrassement, avec assiduité, pour aménager la position et camoufler les pièces. Après un solide casse-croûte vespéral nous avons cherché à nous procurer un repos bien mérité. A peine endormis, la sentinelle nous réveille : Alarm, der Gegner greift an ! *("Alerte, l'adversaire nous attaque !") Sous les explosions des obus, nous nous ruons alors sur nos pièces et, au bout de quelques secondes, le premier tir est exécuté. On tire jusqu'à une heure du matin, l'attaque de l'adversaire est prématurément brisée. Dans la fière conscience du premier combat, nous nous recroquevillons à nouveau dans nos trous...* »

Tandis que les premières heures ont été ainsi dangereuses pour la 3e section, il ne s'est rien passé de particulier pour les 1re et 4e sections, et la **2e section** a dû effectuer un changement de position très surprenant, pendant la nuit, à cause d'une [fausse] alerte aux gaz ; voici le rapport de la section la signalant : « *Lors de notre arrivée durant la nuit, il ne régnait qu'une faible activité de l'artillerie ennemie, si bien que le décrochage se déroula sans entrave. La position de tir prise en charge se trouvait sur la bordure d'un versant abrupt où des trous de protection ont dû être creusés en urgence pour les servants de pièces. Notre* B-Stelle *se trouvait à environ 400 mètres de là, sur un versant où l'ennemi était bien visible, avec une bonne possibilité d'observation. Qui ne se rappelle pas du seul petit buisson à sa gauche, qui serait un bon "signaleur" pour une future commande de feu ?* (10) *Et comme bien "blancs" se trouvaient colorés nos uniformes, quand nous grimpions dans la* B-Stelle, *qui avait été creusée dans le sol crayeux.* »

Le **1er juin** au matin, un beau jour ensoleillé, nous pouvons voir, pour la première fois, à la lumière du jour, le terrain s'étalant devant nous, jusqu'à Abbeville. Combien belle cette ville devait apparaître, avant la guerre, depuis cette hauteur, et quelle image de destruction elle nous offre maintenant. Plus brutal encore que lors de notre traversée nocturne, le vrai visage de la guerre nous apparaît dans cette silhouette d'Abbeville qui se

Ci-dessus : la *B-Stelle* de la 2e section. Au premier plan : des blindés ennemis [français] mis hors de combat. En arrière-plan : l'*Engländer Wäldchen*.

Ci-dessous : moment de pause sous les rayons du soleil, près d'Abbeville. A gauche, le *Leutnant* Weber

La même vue de nos jours. (Photo Mathieu Lecul/Somme & Bresle Battle.)

caractérise particulièrement par une église dont la tour est détruite jusqu'à la hauteur de la nef.

Vers midi, de forts tirs d'artillerie génèrent les premières pertes : en quittant leur *B-Stelle*, deux officiers d'artillerie, ont été atteints près de ce poste d'observation, l'un d'eux, mortellement, et l'autre, gravement blessé. Le corps déchiqueté du mort et celui du blessé, au visage noirci par la poudre et maculé de sang, nous font forte impression.

Après la fin des tirs d'artillerie, notre première mission consiste à rétablir les lignes téléphoniques entre la *B-Stelle* et la position de tir, car elles ont été coupées en plusieurs endroits par les impacts. Tandis que les téléphonistes sont encore en train de rapiécer les lignes, quelques hommes sont en train de courir jusqu'à la *B-Stelle* pour savoir si tout va bien là-haut. Par ailleurs, nous œuvrons à creuser encore plus profondément nos trous individuels dans le versant car, entre-temps, nous avons appris que la meilleure protection contre les obus est de s'enfoncer dans le sol. Après la tombée de la nuit, l'encuvement de la *B-Stelle* doit être enfoncé encore plus profondément dans la craie. Ces travaux ne peuvent être entepris de jour car la *B-Stelle* serait alors très bien repérée par l'ennemi et cet objectif serait pris sous le feu de son artillerie.

La nuit suivante [1er au 2], vers 1 heure, un violent tir d'artillerie commence soudain et nous oblige à rester dans nos trous de protection. Seul le cri : *Panzer greifen an !* (« Blindés attaquent ! »), nous oblige à quitter nos abris. Nous préparons nos pièces face à toutes les éventualités et attendons l'ordre de tir. Celui-ci n'arrive cependant pas. La situation générale n'est tout d'abord pas très claire et ne nous permet pas d'intervenir. Ainsi, vivons nous notre première grande action nocturne de combat sans pouvoir intervenir nous-mêmes de manière active, tandis que les camarades de la Flak, qui se trouvaient auprès de nous, ont été engagés en tirs terrestres pour combattre les blindés, ils ont ouvert le feu, dans la mesure où l'obscurité et le terrain quelque peu ondulé le permettaient. Au bout de peu de temps, l'adversaire aurait commencé à envoyer des gaz de combat car une alerte aux gaz provient de la *B-Stelle*. (11) Mécaniquement, par nuit noire, nous enfilons le masque à gaz, attache après attache, comme nous l'avons appris lors de l'entraînement par temps de paix. Progressivement, la violence du feu adverse décroît au bout d'environ deux heures. Puis le calme revient. Nous rejoignons à nouveau nos trous de protection et, malgré ce « réveil » brutal, nous nous endormons rapidement à nouveau...

Tandis que nous remarquons une activité de combat relativement considérable les **1er et 2 juin**, qui se déroule de manière incroyable dans certains secteurs, le **3 juin** nous amène un calme bien mystérieux... Nous pouvons à peine entendre un impact d'artillerie. Le soleil brille merveilleusement au milieu du « nomansland », devant nous. Un calme festif marque ce jour de son empreinte. On quitte son trou de protection sans une certaine crainte et, par ailleurs, les rayons du soleil de juin sont assez mordants.

Seul l'observateur, sur la *B-Stelle*, continue d'examiner continuellement le terrain, avec son précieux instrument, protégé en avant par un tas de pierres et qui, avec ses deux branches, est bien camouflé pour rendre inoffensive toute attaque surprise de l'ennemi.

On cherche aussi à trouver les merveilleux vins et liqueurs qui sont encore massivement disponibles à Abbeville. Ainsi passe la journée, comme si nous n'étions pas en guerre, mais en un lieu ensoleillé en dehors d'une grande ville. Avec des sentiments mêlés, nous nous allongeons très tard - il est alors environ minuit - dans notre « lit ». Car un calme si profond, pour un soldat en campagne, a toujours quelque chose de suspect...

Et arrive alors le matin du **4 juin 1940** qui deviendra le moment le plus marquant de notre vie...

(10) Probablement un bon repère pour « l'adversaire ».

(11) Encore une fois, fausse alerte. Aucun gaz de combat ne fut utilisé durant la Seconde Guerre mondiale.

La lunette binoculaire est l'élément essentiel, dans la *B-Stelle*, afin de donner les instructions pour le tir des pièces.

L'engagement du *Kompanietrupp* les 4 et 5 juin

« Nous avons eu là notre premier engagement », et c'est ainsi qu'un *Kompanietruppler* (12) rapporte : *« … devant Amiens, nous avons reçu toute une série de tirs d'artillerie bien dirigés mais cette première expérience de la guerre sera peu de choses par rapport à ce qui sera envoyé sur le Mont Caubert. Il est vrai que l'activité du* Kompanietrupp *a toujours été considérée, par les autres membres de la compagnie, comme assez tranquille. Mais rien ne lui sera épargné dans les combats près d'Abbeville où l'adversaire devra être combattu avec succès pour être détruit. Cependant, le* Kompanietrupp *aura aussi fortement contribué au combat défensif héroïque près d'Abbeville, en remplissant totalement sa mission, aura été le cerveau de la compagnie et aura transmis*

(12) Expression pour « membre de l'équipe de commandement de la compagnie ».

Ci-contre : les 4 et 5 juin, le *Kompanietrupp* et la 2e section sont en position près de la croix du Mont Caubert, lieu stratégique de la bataille, et point de repère pour l'artillerie française. On notera l'inscription indiquant la paix, sur cette croix : *Rex Pacis*.

En cartouche : le même lieu aujourd'hui. Seul perdure le socle de l'ancienne croix aux côtés de la contemporaine. Ce monument rend hommage aux soldats français de 14-18 ayant défendu Abbeville. (Photo Mathieu Lecul/Somme & Bresle Battle.)

Même secteur, le « versant », près d'Abbeville, et ici peut être O. Bär.

Ci-dessus : *Unser Bett* (« notre lit ») près d'Abbeville. Il semble qu'il s'agisse ici de l'auteur, reconnaissable à sa coiffure et ses lunettes, le caporal O. Bär, qui nous fait signe ici, à travers « les couloirs du temps »…

Ci-dessous : *Kompanietrupp-Höhlen* (« les grottes » du *Kompanietrupp*), son abri bien camouflé.

sûrement et rapidement aux sections les ordres du commandant de compagnie et transmis ceux des bataillons et du régiment. Déjà, pendant la marche, ses membres étaient sur la brèche pour chercher et préparer le quartier pour le soir. En vélo, et parfois, en voiture, nous nous sommes pressés de les trouver, dans des localités souvent abandonnées, détruites et désertes. Ce n'était pas toujours facile de se faufiler entre les colonnes marchant et roulant sans fin, de s'incruster au milieu des jurons des chauffeurs de véhicules, considérant chaque cycliste comme un problème au milieu de la circulation. Et bien, souvent, il fallait sauter le repas. Mais, en soirée, tout avait été organisé : on avait trouvé de la paille, de l'eau, des logements pour les hommes et les chevaux, etc. Et, seulement lorsque les chevaux avaient été nourris et ruminaient paisiblement leur avoine, quand les hommes occupaient enfin leurs quartiers, le Quartiermeister *pouvait enfin se reposer… ou monter la garde. »*

Où se trouve maintenant le *Kompanietrupp* les 4 et 5 juin ? Nous sommes installés à proximité de la 2e section, à la croix du **Mont de Caubert**.

Tout autour de nous se trouvent les artilleurs de la Flak et des unités d'infanterie de notre régiment. Chez nous, jamais de repos, la croix est le point de repère de l'artillerie ennemie. Et nous avons ainsi une bonne raison de creuser pour nous protéger de ses tirs : nous avons profondément percé le tendre versant de craie tourné vers la ville.

La poussière de craie blanche est et restera pour nous tous une remarquable caractéristique. Même si les sections ont été rattachées aux divers bataillons du régiment, nous ne restons pas cependant inactifs et sans travail. Car, justement, cet éparpillement de la compagnie nécessite l'envoi de messages, de croquis. Le commandant de compagnie obtient, en permanence, de la *B-Stelle* de la compagnie, située au milieu des *B-Stellen* des autres unités, des rapports, et s'y rend souvent lui-même pour se rendre compte et prendre des décisions déterminantes. Les téléphonistes du *Kompanietrupp* établissent, sous des tirs violents, des lignes vers le bataillon et vers la 4e section. Plus d'une fois, ils auront dû réparer les lignes coupées dans des conditions extrêmes. Les agents de liaison *(Melder)* à pied, à vélo ou à moto maintiennent continuellement la liaison avec les diverses sections, le régiment et finalement aussi avec le train. On s'est habitué lentement sans se soucier des impacts d'obus aux alentours, à se déplacer rapidement et avec prudence en utilisant toutes les possibilités. Il est tout à fait égal que la transmission de messages

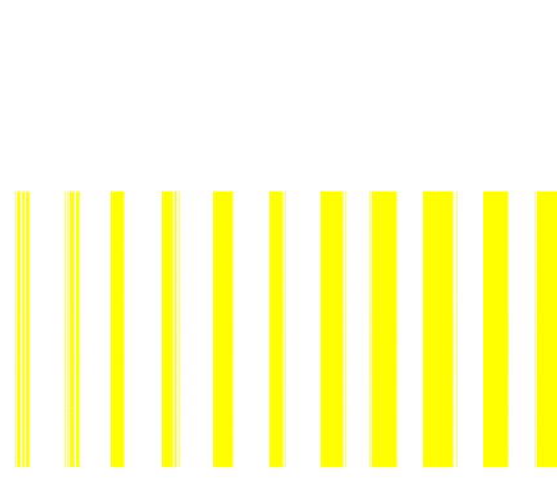

La *B-Stelle* de la compagnie ; Mesnil-Trois-Foetus et l'*Engländer Wäldchen* (« le Petit bois des Anglais »), en arrière-plan.

se fasse de jour ou de nuit. Et il faut aussi souligner qu'il fallait réaliser des croquis d'itinéraires que les agents de liaison puissent emmener avec eux pour trouver leur chemin, et réaliser aussi des croquis sur les résultats à transmettre aux plus hautes autorités. Et il fallait effectuer ce travail non pas sur une table bien plane mais dans le trou individuel, au milieu des morceaux d'humus en train de s'effondrer et des quolibets.

Comme nous pourrons l'établir plus tard, un observateur ennemi s'était installé dans la ville et avait pu repérer des allées et venues constantes au sein de notre poste de commandement. Pas étonnant donc qu'à intervalles plus ou moins réguliers, il était bombardé par une véritable pluie d'obus, et principalement les obus, les uns près des autres s'incrustaient dans les blessures béantes d'Abbeville. Les maisons s'effondraient les unes après les autres, les entrepôts brûlaient les uns après les autres, les prairies, l'une après l'autre, se constellaient toujours plus de trous noircis. Chaque jour, cette image devenait plus horrible. Et plus d'un obus explosait à proximité, plus que jamais l'objectif principal de l'artillerie ennemie, et particulièrement la 2e section, qui ne se trouvait qu'à quelques mètres de nous. Et chaque obus, qui allait s'abattre en bas dans la vallée, en hurlant et en chuintant, réveillait immanquablement celui qui menaçait de s'endormir, à cause de la fatigue, ou était plongé dans ses pensées tournées vers sa *Heimat*. Et personne parmi nous oubliera ce qu'il a vécu sur le raide versant d'Abbeville, attendant ou combattant.

Le *Kompanietrupp* doit aussi raconter avec fierté que ses membres ne devaient pas seulement exécuter les missions individuelles, mais aussi qu'il leur était possible, en raison de la bonne instruction reçue à Wachenbuchen, de compenser les pertes au sein des sections, même ce qu'il n'avait pas appris et ce pour quoi ils n'avaient pas été drillés. Ainsi, auprès du chef de section, se dégageaient un certain nombre de soldats pour des missions spéciales, après la disparition d'un de leurs camarades, ou d'un blessé ayant abandonné son poste.

Lorsqu'après les jours passés en défensive, la compagnie s'est enfin remise en marche, on peut dire, avec justesse, en ce qui nous concerne, le *Kompanietrupp*, que nous avons fait notre devoir, allégeant le travail de la compagnie, soutenant le commandement - ce qui fut une de nos plus belles missions - avons compensé les pertes au sein des sections. Ce fut toujours, pour nous, un certain reproche intérieur, silencieux, de ne pouvoir être actifs auprès des pièces, au sein des sections, c'est-à-dire pouvoir intervenir. Les exemples de combat sont aussi pourtant ceux d'un chef de *Kompanietrupp* qui, en s'engageant pleinement, a anéanti l'équipage d'un *tank* français et, à cette occasion, fait un prisonnier qui, par la suite, lors de son interrogatoire, fournit des éléments importants sur l'engagement, la force et l'origine des unités adverses, ou, par exemple, le téléphoniste qui, malgré des tirs violents, accomplissait l'impossible pour rechercher les coupures et, jour et nuit, toujours et toujours, courait sous le feu de l'artillerie, sous les regards de l'artillerie adverse, cherchant et réparant. Ces faits et actes témoignent des situations difficiles dans lesquelles le *Kompanietrupp* pouvait aussi se trouver…

Les jours de combat de la 1re section

Comme le chef de la 1re section, le *Leutnant* Heuser, a pu l'exprimer, avec son *Zugtrupp*, il ne se berçait pas de beaucoup d'espoir de trouver une bonne position de tir dans le champ d'entonnoirs d'obus du Mont de Caubert. Car le terrain était purement catastrophique : ou bien il était sous les vues de l'ennemi, ou bien, il était parsemé d'entonnoirs. Finalement, il ne lui resta plus qu'une solution, contrevenant totalement au règlement, installer ses pièces sur un chemin étroit. La section n'a pu s'enterrer que faiblement, car la nappe phréatique apparaissait déjà à 40 centimètres de profondeur. La situation était encore pire pour la *B-Stelle* : l'adversaire n'était qu'à 150 mètres et répondait à chaque bruit de pelle avec des tirs de fusil, de mitrailleuse et de mortier. Mais ça ne retenait pas la section Heuser qui allait envoyer sa réponse depuis cette position. Ainsi, à l'aube du **4 juin**, tout était déjà en place. Cependant, le salut d'acier du matin, pendant trois heures, n'était pas particulièrement stimulant, d'autant plus que l'ennemi, avec une constante malignité, détruisait le réseau de fils [téléphoniques] en de multiples endroits. Il apparut bientôt que la section avait eu le nez fin dans le choix de sa position de tir. Elle se trouvait exactement au milieu d'un angle mort de 50 mètres de l'artillerie ennemie qui nous faisait le plaisir de tirer avec une précision optimale.

Autant que possible, dans le cadre du Ier bataillon, la section a soutenu en défense l'attaque sur les IIe et IIIe bataillons. Le reste de la journée se passe ensuite calmement jusqu'à ce qu'un tir surprise durant deux heures pimente le repas avec des débris et des éclats. L'ordre d'attaque pour le **5 juin** arrive dans la soirée. Nous respirons. Enfin, nous allons sortir de ce nid de feu. C'est une image magnifique lorsque le bataillon se met à traverser les champs, dépassé par les obus de l'*IG-Zug* (section de pièces d'infanterie). Dès que les premiers éléments de l'infanterie atteignent les lisières de la localité de **Villers-sur-Mareuil**, la section suit avec une pièce avec son équipe et atteint les premières maisons de cette localité. Là, deux camions bloquent la route. En tentant de les repousser, l'infanterie subit des tirs violents provenant de tireurs isolés ; la rue est alors couverte de morts et de blessés. Toutes les tentatives, pour débusquer les tireurs isolés, échouent en raison de leur efficacité comme tireurs et de leur bon camouflage. Le *Leutnant* Heuser réussit à en abattre un mais on ne peut trouver les autres. Depuis l'arrière, le tir d'artillerie s'abat toujours plus sur nous. Il ne reste qu'une possibilité : en arrière et de biais. Lors d'une petite pause durant le tir, la pièce est tirée vers l'arrière et sur la droite, dans le château. Là, la seconde pièce est arrivée entre-temps. Et comme il n'y a alors pas de possibilité d'engagement, le chef de section ordonne : « *Tous dans la cave !* » Ceci à peine effectué, les premiers pruneaux lourds se mettent à tomber. Suivent des heures mortelles. Sans interruption, les obus sifflent tout proches. Ils percutent la cour, les murs et le premier étage du château. Il y a des blessés, la situation est confuse, à gauche et à droite, personne parmi nos troupes et, là-dessus, un feu roulant. Que va-t-il arriver à l'*IG-Zug* ? L'ordre arrive de se replier sur l'ancienne position. Durant une courte pause pendant les tirs, le chef de section appelle tous ses hommes au rassemblement. Les uns sortent d'un trou, les autres d'une étable et de la cave, personne ne manque. La situation est vite exposée. Tous se réjouissent de ne pas abandonner leurs pièces. Au pas de course, on traverse jardins et champs. Un incroyable exploit. Dans la matinée, les équipages ont réussi à remonter les pièces sur 1 500 mètres et, maintenant, elles vont donner ce qu'elles ont, pour s'échapper de la portée de tir de l'ennemi. A mi-chemin, de nouveau des tirs d'artillerie intermittents avant le retour à la section. Les pièces sont à nouveau prêtes à tirer depuis leur position. Un tir de barrage devant le secteur du bataillon soulage ensuite à nos camarades le chemin du retour. Quasiment aucun de nous ne peut comprendre que tous les hommes et les pièces aient pu échapper aux éclats qui ont parsemé la cour [du château]. Mais le soldat doit toujours avoir de la chance.

Sous le feu de l'artillerie, les 4 et 5 juin, auprès de la 2e section

Dans le rapport de la section, les 2 et 3 juin sont notés, à l'exception de l'habituel tir intermittent de l'artillerie, comme tranquilles. Afin de maintenir la liaison avec la *B-Stelle* pendant les tirs, les téléphonistes doivent constamment réparer les lignes. Lors des heures calmes, ils se mettent à l'œuvre pour tendre un nouveau câble car les vieux ne sont plus utilisables. Ils réussissent aussi à « organiser » un câble français. Comme les camarades de la *B-Stelle* ont toujours très soif, ils organisent très souvent des « expéditions » pour se procurer les boissons nécessaires.

Dans la nuit du **3 au 4 juin**, vers 4 heures du matin, nous sursautons, réveillés de notre repos bien mérité : débuts de tirs d'artillerie démentiels, des obus de divers calibres arrivent, fracas et explosions tout autour de nous, un véritable enfer. Au milieu de ce chaos surgit, de son trou individuel, le camarade Rausch avec un visage noirci et horrifié, en criant : *« Unser Hartl ist gefallen »* (« Notre Hartl a été tué »). Il a été touché par un éclat d'obus qui a ricoché sur un arbre dressé derrière son trou individuel et qui, heureusement, n'a pas généré d'autres pertes, bien que le trou individuel de Hartl se soit trouvé au milieu de tous les nôtres.

Vers 6 heures du matin, les tirs d'artillerie décroissent et, en général, cela témoigne déjà d'une grande attaque adverse à venir. Avec un engagement massif de forces blindées françaises, l'infanterie française et anglaise doit percer nos lignes. Les équipages de pièces se ruent sur leurs canons pour combattre, si nécessaire, les blindés annoncés en tir direct. Le second équipage se rend compte que sa pièce a reçu tant d'éclats d'obus (une trentaine) durant le bombardement passé qu'elle n'est plus en état d'intervenir. Même si la perte de la pièce nous touche douloureusement, ce fut aussi un heureux hasard qu'au moment du bombardement l'équipage se trouvait à l'abri. Soudain, depuis le flanc gauche, nous subissons des tirs de mitrailleuse. Avant que nous puissions précisément établir d'où provient ce tir, nous entendons, provenant du champ de céréales situé en face de nous, un grondement et un cliquetis, et tout d'abord une antenne puis une tourelle et, finalement, toute la carcasse d'acier d'un tank. Déjà, avec notre seule pièce disponible, nous voulons tirer sur le tank (un engin de 32 tonnes, ainsi que nous pourrons plus tard l'établir), mais soudain, il oblique en direction des pièces de Flak, se trouvant à proximité. Il réussit, en la heurtant, à mettre une pièce de Flak hors de combat. Les équipages n'ont pas été en mesure de faire face car leur observateur avancé, le *VB*, avait été blessé et n'avait pas été en mesure de donner l'alerte pour ces blindés. Se rendant compte du danger, le camarade Rausch, de notre *B-Stelle*, qui se trouvait à côté de la *Flak-B-Stelle*, avait couru prévenir les équipes. Il y réussit juste à temps, si bien que l'équipe de la deuxième pièce de Flak tente de détruire le tank avec des coups bien ajustés, alors que celui-ci s'apprêtait à foncer sur la seconde pièce. Grâce à l'engagement total de la Flak du Regiment *« General Göring »* et l'efficacité des mines placées en barrages par les sapeurs, les *Pionieren*, 30 autres tanks seront mis hors de combat dans le courant de cette attaque, sans qu'aucun d'eux n'ait pu réaliser un début de percée. Mais cependant, la situation est alors sérieuse. Avec impatience, nous attendons le soutien annoncé de nos Stukas. Ils apparaissent en fait vers 11h30 et larguent leurs bombes sur l'infanterie battant maintenant en retraite ainsi que sur d'autres tanks prêts dans un petit bois. Pour l'instant, l'artillerie ennemie se tait, pour ne pas révéler sa position aux Stukas, si bien que, de notre côté, un tir, bien dirigé depuis la *B-Stelle*, peut être engagé sur les bataillons de mitrailleuses en repli. En raison de la coopération impeccable des deux équipes de pièces, nous réussissons à tirer 135 coups en l'espace de 20 minutes. Et, au bout de 10 minutes, nous risquons ainsi de manquer de munitions, en raison de la haute cadence de tir si bien, qu'en toute hâte, avec un camion de la Flak, des compléments de munitions peuvent être amenés. Le feu n'est suspendu qu'avec un repli de l'ennemi de notre champ de tir. Le combat se calme vers midi. Malgré de lourdes pertes, le régiment a réussi à tenir la tête de pont d'Abbeville.

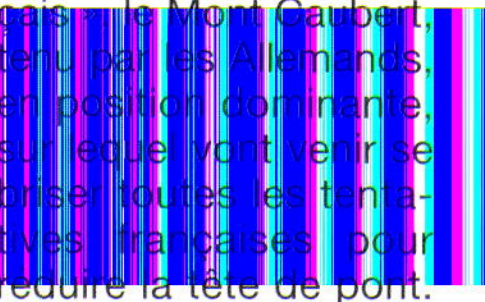

Vue depuis les abords de Yonval, « côté français », le Mont Caubert, tenu par les Allemands, en position dominante, sur lequel vont venir se briser toutes les tentatives françaises pour réduire la tête de pont. (Photo J.Y. Mary.)

La tombe de l'artilleur Hartl, installée provisoirement près de l'endroit où la mort l'a fauché. Il repose, désormais, au cimetière de Bourdon.

A droite : autre vue de la tombe de l'*Oberschütze* (1re classe) Mathäus Hartl publiée en début de l'ouvrage original d'O. Bär. Mathäus Hartl est né 20 mars 1913 à Bergen, il avait 27 ans.

Remarque : Le village de *Yonval* est, orthographié *Jonval* par l'auteur. En allemand, le « j » est un « i » mouillé exprimant mieux le « y », rare dans la langue de Goethe. Il est, par contre, bien orthographié sur la carte.

Le *Zugtrupp* de la 3e section est commandé par l'*Uffz.* Peterbauer, ruban de l'*EKII* à la boutonnière.

Après la nécessaire pause pour le repos, nous enterrons notre camarade **Hartl**, qui avait été avec nous durant la campagne de Pologne. Notre pièce détruite fut récupérée en soirée ; nous recevrons alors une pièce de la 4e section, son efficacité avait été sérieusement diminuée par la capture de son chef de section et du *Zugtrupp* (13). Ces heures de la nuit vont se dérouler sans incident.

Soudain, à l'aube du **5 juin**, se déclenche, de notre part, un violent tir d'artillerie, annonçant les préparatifs de la contre-attaque allemande. Au début de l'offensive, notre section opère un changement de position, vers l'avant. Lors de ce déplacement, nous subissons un fort tir d'artillerie en traversant le village de **Jonval**, totalement détruit, car l'adversaire a, entre-temps identifié les intentions allemandes. L'habileté et la sécurité de notre chauffeur nous tire rapidement, et au triple galop, de cette situation, au milieu des obstacles sur la route et des cadavres de chevaux en décomposition, jusqu'à notre position de tir, déjà repérée par notre chef de section. A cause de forts tirs de mitrailleuses, nous dételons derrière un léger vallonnement et exécutons la dernière partie de notre itinéraire en progression d'infanterie. Nous sommes aussitôt pris sous des tirs directs. Nos objectifs sont des nids de mitrailleuses et de tireurs isolés, qui se sont incrustés dans un petit bois à 500 mètres devant nous. Après avoir réduit une mitrailleuse au silence, nous allons de nouveau en formation d'infanterie, 200 mètres en avant pour combattre nos objectifs encore plus efficacement. Les compagnies d'infanterie, entraînées par notre progression, pénètrent bientôt dans le petit bois où nous pouvons cesser nos tirs. Maintenant, nous recevons, sur notre flanc gauche, des tirs, à environ 800 mètres de distance, provenant d'une meule de paille, à l'orée d'un bois, de nouveau des tirs de mitrailleuse et de fusil. Nous prenons aussitôt ce nouvel objectif en tir direct efficace. Là dessus, des éléments de nos compagnies d'Infanterie *(Schützen-Kompanien)* veulent pénétrer aussi dans ce bois. Cependant, ils ne parviennent pas à nettoyer totalement le bois de l'ennemi car, soudain, l'artillerie ennemie envoie des tirs bien ciblés sur les deux bois en question, si bien que les éléments des compagnies d'infanterie se trouvant devant les bois ne peuvent soutenir leurs camarades.

Ainsi, l'attaque, qui avait rapidement commencé, se trouve bloquée. Nous-mêmes avons entre-

temps mis nos pièces en position derrière deux tanks détruits. Après être restés là plusieurs heures et avoir vu le repli de la plus grande partie des compagnies d'infanterie, nous recevons l'ordre de nous replier aussi, de quelques kilomètres, à proximité du poste de commandement du bataillon. Là, on nous avise de reprendre notre ancienne position, sur les hauteurs devant Abbeville. Le repli se déroule sans opposition. Il est intéressant pour nous, d'établir que le terrain sur lequel nous avons progressé dans la matinée a été parsemé, de nombreux entonnoirs d'obus, troué comme une passoire.

Une fois arrivés dans notre ancienne position, nous sommes aussitôt entourés par les camarades de la Flak, qui nous ravitaillent en boisson et en nourriture. Nous passons les heures de la soirée à réinstaller nos pièces, puis à nous reposer. La nuit s'écoule calmement.

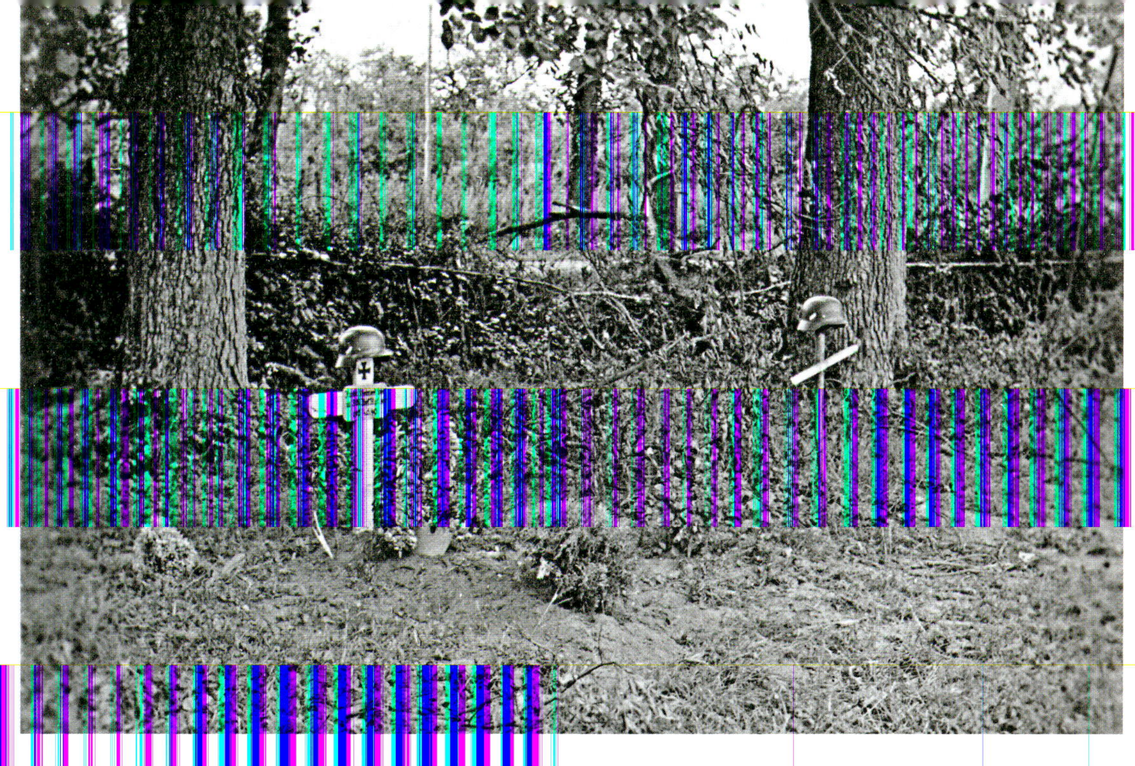

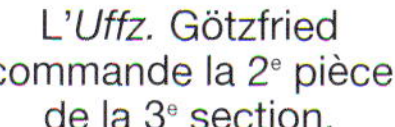

L'*Uffz.* Götzfried commande la 2e pièce de la 3e section.

Ci-contre : cette 3e section subit des pertes. Nous voyons ici deux tombes, dont, à gauche, celles de son chef, le *Feldwebel* Hermann Heimerl, qui avait pris des risques pour ses hommes.

Le combat défensif de la 3e section, le 4 juin 1940

Extrait de son journal de marche. Le dimanche et le lundi ont été relativement calmes. Nous entendons de temps en temps le bourdonnement de moteurs et il semble que l'adversaire est sur le point d'effectuer une relève. Quelques-uns d'entre nous considèrent ce calme comme le signe d'événements à venir. Ici et là, se signalent des tireurs isolés. Cette fois, nous nous installons dans nos trous individuels avec des sentiments mêlés. Nous sommes à peine endormis que l'artillerie ennemie se met à tirer. Le feu de l'artillerie est de plus en plus violent. Notre chef de section va d'un trou individuel à un autre : « *Dehors, il faut tirer !* », dit-il très énervé. Sans hésiter, nos équipes bondissent de leurs trous, au milieu des obus de l'artillerie française. La pointe du petit bois est notre objectif actuel. Un obus après l'autre frappe en explosant et demeurant audibles tout près de l'objectif. Quand la force vient à manquer, les mots toniques du chef de section ont un effet formidable. L'observation des *B-Stellen* de l'artillerie ennemie est optimale. Les obus ennemis répliquent aussi. Les impacts sont assourdissants. Un coup arrive près de nous. Peu de temps avant, les hommes ont pu chercher à se mettre à couvert, l'ont trouvé, se sont simplement jetés sur le sol, ou se sont recroquevillés dans leurs trous individuels. Pour assumer fidèlement son devoir, le chef de section, le *Feldwebel* **Heimerl**, a attendu que tous se soient mis à couvert ; il est lui-même, à cet instant, touché par un éclat d'obus et s'effondre mort sur les flèches de la pièce. Son *St.U.*

(13) La capture de membres de la compagnie est ici notée.

Ci-contre : autre vue de la tombe du *Feldwebel* Hermann Heimerl, tué le 4 juin 1940, également à l'âge de 27 ans. Il repose au cimetière militaire allemand de Bourdon. Heimerl est né le 15 septembre 1912 à Wald O.Pf..

L'*Uffz.* Rigl commande la 1re pièce de la 3e section.

En fond : entonnoirs d'obus dans le terrain - véritable écumoire - entre la 3e et la 4e section.

Les hommes de la 3e section avant la bataille.

La 4e section est commandée par le *Leutnant* Geigl. Il porte le ruban de l'*EKII* obtenu en Pologne. Il sera capturé avec son *Zugtrupp*.

(sous-officier suppléant), qui se trouvait dans son trou près de la pièce, a remarqué l'incident, mais l'éclat d'obus avait déjà accompli son œuvre et tout secours est alors vain. Le feu de l'artillerie ne décroît pas et il nous laissera un peu en paix qu'au bout d'environ vingt minutes. Mais, au même instant, nous entendons déjà aussi le sourd cliquetis des blindés ennemis. Maintenant, il faut surgir des trous. La pièce est remise prête à faire feu. Le pointeur reçoit alors un éclat d'obus à l'avant-bras gauche. En fidèle camaraderie, un autre soldat le tire à l'abri et fait un garrot pour son artère. Comme souvent dans de tels moments, le vrai camarade (14). Les blindés ennemis s'approchent toujours plus de notre flanc gauche. La plupart des membres de l'équipe de pièce sont blessés où aident les blessés. Les sous-officiers s'engagent comme pointeurs et chargeurs. La pièce, couverte de sang, est amenée sur le côté droit de la route et tire maintenant et encore sur les premiers blindés. Devant nous crépite continuellement et courageusement une demi section de mitrailleuses lourdes. Nous nous soutenons mutuellement et le succès va être au rendez-vous ; Mais cependant, la supériorité ennemie est trop grande, l'action des blindés trop puissante pour envisager une issue heureuse à la situation actuelle. Totalement épuisés, nous tirons encore nos dernières munitions et envisageons déjà une issue malheureuse. Mais nous sommes sauvés au dernier moment. L'attaque blindée ennemie s'arrête. Vers midi, nous enterrons notre chef de section en lui donnant une sépulture militaire, et la décorons avec une simple croix. Ce jour-là, la 3e section a subi des sacrifices.

Les 4 et 5 juin, auprès de la 4e section

Sur la B-Stelle

« Pour une bonne observation, la B-Stelle *doit se trouver en première ligne »* - c'est ce qu'écrit le chef de section pour son rapport concernant le **4 juin**. La position de tir se trouve 600 mètres en arrière. Dans le champ situé devant, gisent des épaves de blindés français de toutes tailles. L'ennemi se trouve légèrement sur la gauche *[halblinks*, nous dirions « à 10 heures »] et légèrement à gauche *[halbrechts]* de nous. Nous pouvons redouter, à chaque instant, des attaques de blindés.

L'adversaire ne nous laisse pas longtemps méditer calmement. Soudain, il nous tombe dessus avec des tirs d'artillerie, tels que nous n'en avons encore jamais connu. Il écrase notre « jardin » avec une incroyable précision. Ce premier matin, nous avons plusieurs tués et blessés à proximité. Car, dans notre petit verger, il n'y a pas seulement notre *B-Stelle* mais aussi des fantassins de la 6e compagnie. Je cherche les *B-Stellen* ennemies et je fais tirer sur les points de l'orée du bois opposée, là où des mouvements ont été repérés. Nous respirons lorsque notre premier obus part en grondant vers l'ennemi. Dans le courant de la journée, nous remarquons encore des regroupements ennemis et une mitrailleuse, qui veut se mettre en place à l'orée du bois opposé. La nuit suivante, nous creusons intensément et nos trous sont agrémentés de protection contre les éclats.

Les tirs d'artillerie successifs du **3 juin** ne nous avaient pas causé de pertes. Ce soir-là, des blindés ennemis avaient été annoncés. Le commandant de compagnie avait convoqué les chefs de ses sections à son poste de commandement pour un court exposé de la situation. Une fois encore, les ordres essentiels avaient été donnés, les charges renforcées préparées et des munitions amenées en complément. Pour mon *Zugtrupp*, je fais prendre fusils et grenades. Car, si nous ne pouvions plus utiliser nos pièces, nous remplirions notre devoir de soldat jusqu'au bout, en tant que fantassins.

Dans la nuit du **3 au 4 juin**, le Français nous a salué à nouveau avec plusieurs tirs. A l'aube, son tir s'est accru pour devenir un feu roulant. Il était maintenant clair qu'il fallait compter, dans peu de temps, sur l'arrivée des blindés. Et, soudain, ils surgissent déjà à courte distance. Les pièces de Pak [canons antichars] aboient furieusement. Le tir sur les blindés est bien dirigé mais les obus glissent inefficacement sur les épaisses plaques d'acier. (15) Gênées dans leur vision, les pièces de Flak placées en arrière ne peuvent combattre les blindés qui nous encerclent lentement. Les pièces de Pak sont détruites les unes après les autres, après que les équipes aient fait leur devoir jusqu'au bout. Notre section ouvre un tir de barrage sur la petite cuvette. Il n'est plus possible de bien diriger le tir car la ligne est totalement coupée. Lentement, les lourds blindés avancent devant nos trous individuels et les arrosent de leurs mitrailleuses et de leurs canons. Nos mitrailleuses tirent, sans aucun effet, sur leur colonne. Au bout de longues heures de combats, ils sont tous réduits au silence, la plupart des équipages sont morts. Nous sommes environnés de blindés, de tous côtés…

De nouveaux blindés arrivent et tirent des chenillettes vers nos trous. Des fantassins avec des fusils-mitrailleurs en descendent. Pour la première fois, des cibles s'offrent à nos fusils, mais la supériorité adverse est trop grande. Ce qui subsiste d'environ 30 hommes, dont aussi notre *Zugtrupp*, est fait prisonnier et emmené.

Dans la position de tir de la 4ᵉ section

Un chef de pièce raconte : *« Le 3 juin… tout est calme, partout, y compris dans notre position. »* Nous sommes tous ensemble et on évoque le passé et on fait des prédictions sur l'avenir. En bas, sous une bonne protection, le « coiffeur » coupe, de toute nécessité, les longs cheveux, car un tel calme, dans tout le secteur de combat, ne nous est que rarement accordé. Vers midi, le commandant de compagnie nous rend visite et se rend compte du bon choix de notre position de tir. Tout est en ordre, les pièces sont admirablement camouflées, les munitions bien enterrées, tout autour : nous sommes prêts à tout instant, afin d'entrer aussitôt en action. L'ambiance est excellente et grimpe encore d'un cran, le courrier vient d'arriver de la *Heimat* ; un sentiment à la fois merveilleux mais aussi déprimant pour un soldat qui ne se trouve qu'à quelques centaines de mètres de l'ennemi, et juste dans son champ de vision, de devoir lire des lettres de sa femme, de ses proches et de ses amis.

Trou de protection sur la *B-Stelle*.

La journée se termine. Nous disparaissons dans nos trous et la sentinelle se met en place pour veiller sur le repos de ses camarades.

4 juin, 4 heures du matin. Le premier obus arrive déjà à trois mètres devant notre pièce. La terre gicle au-dessus de nos trous, un certain « réveil » peu confortable. Puis un impact après l'autre ; nous ne savons que trop bien que, derrière ce feu roulant destructeur, se cachent d'autres intentions. Nous voulons parler entre nous mais ne pouvons le faire comme nous le voulons. Le casque d'acier est encore plus fermement sanglé et les dents sont serrées. Notre bonne protection, avec des trous profondément creusés, dans le sol, ne permet pas à l'ennemi d'atteindre un seul de notre équipe de pièce.

Le feu ennemi baisse d'intensité et, au même moment, nous reprenons notre place auprès de la pièce. Le secteur apparaît « en état de guerre » : un entonnoir d'obus l'un à côté de l'autre, tout ce secteur est enveloppé par la fumée de la poudre. Là en bas, dans la cuvette, des vaches abandonnées meuglent horriblement, beaucoup parmi elles gisent touchées à mort. Nous sommes installés fermement derrière notre pièce et attendons le *Feuerkommando* - l'ordre de tir. Mais il n'arrive pas, la liaison est coupée. L'agent de liaison se prépare aussitôt et part en courant, au milieu d'un terrain bouleversé jusqu'à la *B-Stelle*, un exploit qu'on peut à peine mesurer, en considérant qu'il doit accomplir un long chemin au milieu d'un tir d'artillerie des plus violents. (On se rappellera la photo précédente avec le terrain « transformé en passoire »). Nous attendons son rapport avec impatience, mais il ne reviendra pas. La *B-Stelle* a dû ainsi se trouver au milieu du plus grand péril. Nous nous décidons rapidement, et établissons

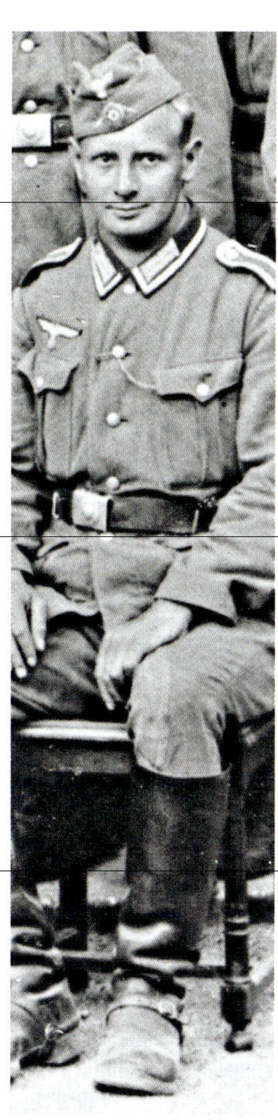

L'*Uffz*. Schramml commande le *Zugtrupp* de la 4ᵉ section.

(14) Le mot allemand *Kamerad*, quand il s'agit d'un soldat, est plus fort que le mot « ami » - presqu'un vrai frère de sang. Cette camaraderie du front jouera un rôle essentiel dans cette véritable confrérie militaire.

(15) Les petites pièces de Pak de 37 mm ne peuvent effectivement pas grand chose contre les puissants B1bis français.

Photo illustrant un aspect de la position de tir de la 4e section, bien protégée et camouflée.

L'*Unteroffizier* Kleinle commande la 1re pièce de la IVe section. Il porte le ruban de l'*EKII*. Peut-être lui à gauche sur la photo ci-dessus.

le même tir de barrage que celui effectué la veille. Les obus quittent le tube l'un après l'autre jusqu'à ce que le stock de munitions commence à s'épuiser. Par contre, le feu de l'artillerie ennemie nous a déjà dépassé et frappe derrière nous, dans le secteur où se trouvent nos attelages. L'ennemi va probablement attaquer dans les prochaines secondes. Et, de fait, un fantassin épuisé, en train de se replier, annonce déjà que des blindés ennemis seraient en approche. Avec inquiétude, nous attendons ce qui va arriver car nous savons que notre infanterie ne pourra résister à une attaque des blindés.

Grondement de moteurs et cliquetis de chenilles parviennent à nos oreilles et, à gauche de nous, dans la cuvette, surgissent deux blindés… un spectacle angoissant car, pour la première fois, des soldats doivent combattre ces modernes armes lourdes. Nous nous mettons toujours plus en protection, car ils sont déjà derrière nous et nous sommes en danger d'être écrasés et mitraillés par l'arrière. Ils se replient sans nous avoir remarqués et, en peu de temps, ils sont victimes de la Flak en position sur la hauteur. Nous fonçons à nouveau à notre pièce et préparons des grenades et tentons à nouveau de donner une autre tournure au destin menaçant. C'est alors qu'arrivent, de la droite, nos fantassins, atteignant nos premières lignes, épuisés et à moitié défaits, les uniformes sales, le fusil-mitrailleur sur l'épaule et cherchant protection derrière notre versant. Nous leur donnons nos dernières réserves de boisson. Ils ont épuisé leurs dernières munitions et doivent se replier. Ce qu'ils nous racontent est tout à fait dramatique. Nous apprenons aussi le destin du reste de notre section qui a été submergée et ne pouvons pas le réaliser. Nous effectuons un changement de position, vers l'arrière, pour tenter de combattre l'ennemi depuis une petite hauteur. Lentement, l'attaque de l'adversaire s'étouffe et, à notre franche joie, nos Stukas apparaissent à l'horizon ; leur engagement va montrer ses effets. Nous quittons maintenant notre secteur pour installer nos pièces à proximité de la position de tir de la 2e section. Les hommes sont épuisés car cette première grande attaque a violemment éprouvé ceux qui étaient fraîchement engagés. (16) Ils vont se reposer quelques minutes

(16) Ici s'exprime que le baptême du feu fut particulièrement rude, l'artillerie et les blindés français ont durement éprouvé ces « bleus ». Un autre regard sur l'armée française…

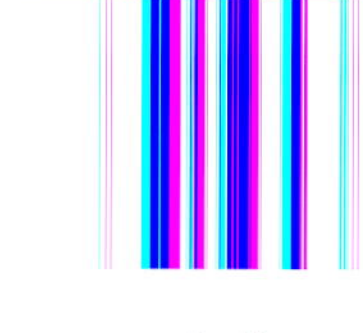

« Nous avons combattu de tels monstres - ». Les puissants chars français B1 bis ont fait très forte impression sur les fantassins allemands, suscitant même un mouvement de panique au sein de la 57e Division, dans la première phase de la bataille.

sur un versant protégé, en attendant un nouvel ordre d'engagement. Il arrive très rapidement : la section doit à tout prix retourner dans son ancienne position de tir, ainsi de nouveau dans ce « terrain de la mort », dont nous avions semblé pouvoir échapper sains et saufs il y a quelques heures. Sans hésiter, nous retournons à l'engagement. Très symboliquement, notre chemin nous fait longer un cimetière sur la route principale d'Abbeville. Nous obliquons de nouveau vers la gauche et grimpons par notre vieux chemin forestier, passant à côté des chevaux morts de notre artillerie, victimes du puissant et précis tir de l'artillerie ennemie au matin du 4 juin.

Plus nous nous approchons de notre ancienne position de tir, plus violents sont les tirs. Nous ne pouvons plus avancer, nous devons rester à mi chemin et nous sommes contraints de revenir dans la position de repos précédente. Nous pouvons prendre en charge, pendant quelques minutes, la position de tir, abandonnée entre-temps par la 2e section. Puis arrive un nouvel ordre, ramener la pièce à proximité de l'ancienne position du 4 juin. Tandis qu'entre-temps l'artillerie ennemie s'est tue, nous traversons le village de **Jonval**, totalement détruit, et quittons la route vers la gauche et occupons notre nouvelle position de tir sur un petit versant. Suite aux événements surprenants [sic] des derniers jours, nous allons dans nos trous avec des sentiments mêlés.

Mais tout arrive autrement que prévu : l'ennemi a pris la fuite, on n'entend plus aucun tir d'artillerie. Nous allons pouvoir dormir tranquillement et profiter un peu.

De la défensive à l'offensive : 6 au 9 juin 1940

De durs et décisifs jours d'un héroïque combat défensif sont derrière nous. Plus d'un jeune soldat, dans ces dernières 48 heures, est devenu un homme mûr, éprouvé et ayant fait ses preuves sous des heures de tirs de l'artillerie ennemie. Mais plus d'un a, pour la première fois dans sa vie, appris à se connaître et a pu exprimer un jugement sur lui-même, après avoir vu la mort à quelques mètres du blindé ennemi et ayant été contraint d'accoutumer sa vie au destin.

Et le rapport de l'*Oberkommando der Wehrmacht* a exprimé par ces quelques simples mots l'esprit des heures et jours de notre combat :

Führerhauptquartier, 5 juin

« Près d'Abbeville, une attaque ennemie, menée avec engagement de blindés, a été repoussée… »

6 juin

De concert avec tout le front allemand à l'Ouest, nous passons à l'attaque. Après plusieurs jours de combat défensif s'engage une poursuite exemplaire de l'ennemi. En fait, à la dernière minute, avec des régiments et divisions très bien équipés, l'adversaire tente désespérément, le 5 juin, de retenir au moins près d'Abbeville la dernière attaque en cours de la Wehrmacht. Avec ses forces blindées supérieures, il a réussi encore à nous bloquer quelques heures. Mais ensuite, le 6 juin au matin, nous allons passer à l'attaque pour entamer la destruction de l'ennemi. Nous abandonnons définitivement nos trous individuels devenus familiers et les positions de tir d'Abbeville et fonçons derrière l'ennemi en fuite : quel merveilleux sentiment, après des journées sur la défensive, de passer à l'attaque, de foncer en terrain libre, de voir l'ennemi en fuite et de laisser derrière nous les blindés ennemis immobilisés…

Les sections de notre compagnie avancent avec leurs bataillons : les 2e et 4e sections progressent avec le IIe Bataillon, par **Bienfay** et **Huppy**, tandis que la 3e section marche derrière le IIIe Bataillon, en suivant l'ennemi, à l'aile gauche du régiment, en direction d'**Oisemont**. Avec le Ier Bataillon, la 1re section constitue la réserve régimentaire.

Il faut tout d'abord traverser le champ de bataille de la veille et les positions de départ de l'ennemi il y a 24 heures. Partout, gisent des traces d'une lutte dure et acharnée, mais aussi des témoignages du repli précipité de l'adversaire, et encore des morts et des blessés, anglais, français et, en nombre relativement importants, marocains et noirs, sur la route et dans les fossés, tandis que le terrain est parsemé de blindés ennemis qui ont été bloqués pendant la nuit par des *Tellerminen* amenées par nos sapeurs. Sans opposition ennemie, les sections atteignent leurs objectifs du jour : les 2e et 4e sections se retranchent sur un terrain ouvert montant légèrement, entre **Warcheville** et **Saint-Maxent-en-Vimeu**, tandis que la 3e section arrête sa progression à proximité d'**Oisemont** et que la 1re section, en tant que réserve, prend ses quartiers pour la nuit dans un château situé en arrière.

Le dernier contact avec l'ennemi

A peine avons nous creusé nos trous et procédé à notre installation que, de manière tout à fait inattendue, arrive un ordre du régiment : « ... *Aujourd'hui, le régiment prend encore Cerisy-Buleux. Ennemi faible là-bas. Le régiment attaque et, avec le IIIe Bataillon, atteint la voie ferrée entre Cerisy et Oisemont, le IIe Bataillon à la lisière ouest de Cerisy-Buleux* ».

Les conditions d'observation, pour les deux *IG-Züge* [2e et 4e sections], ne sont pas particulièrement favorables dans le secteur du IIe Bataillon. Par ailleurs, la force de combat des compagnies d'infanterie est très affaiblie en raison des pertes en hommes et en MGs [FM-mitrailleuses] (17). Le commandant de compagnie convoque les chefs de section et donne les instructions suivantes : « *Sans notre soutien efficace, les compagnies d'infanterie ne pourront probablement pas prendre Cerisy. C'est pourquoi, sans souci des pertes, nous devons engager les pièces. Pour cela, chaque pièce sera attelée à un cheval, quelques chevaux de trait seront chargés avec des corbeilles de munitions ; les pièces suivront les éléments avancés de l'infanterie.* »

L'attaque commence, dans la foulée, en direction de Cerisy, et en direction d'Oisemont pour la 3e section. Nos *IG-Züge* avancent, suivant les ordres, juste derrière l'infanterie. A 1 500 mètres avant **Cerisy** nous subissons un tir de mitrailleuse sur notre flanc. Aussitôt, la section Ramsteck **[2e section]** ouvre le feu avec ses pièces. Sans aucune protection, il faut amener les munitions, tandis que les balles de mitrailleuse « sifflent » sans interruption. Une chronique de la section décrit ses minutes excitantes :

« ... *Nous tirons obus sur obus, en tir direct, sur les objectifs indiqués, sans se soucier des gerbes continuelles de balles de mitrailleuse, dont l'ennemi nous gratifie. En urgence, une mitrailleuse, qui nous tirait dessus depuis le flanc gauche, est liquidée et nous pouvons alors reporter nos tirs vers l'avant. Là, nous pouvons aussi liquider rapidement des nids de mitrailleuse et les compagnies d'infanterie pénètrent dans les lignes ennemies, avec des* Hurras (18) *fracassants. Malheureusement, notre mission n'est que provisoirement remplie, car la progression de nos propres troupes exige de continuer à les appuyer et un changement de position, vers l'avant à la tombée de la nuit serait irréalisable en raison du danger causé par les mines. La nuit arrive entre-temps et l'attaque se termine ce jour-là ; il y a encore des tirs isolés, des fusées éclairantes grimpent dans le ciel et, tout autour, brillent dans la nuit les flammes provenant de quelques meules de paille incendiées, de maisons et d'une usine de caoutchouc se trouvant à proximité. Fatigués par la marche et le combat, nous nous allongeons ici et là, en plein champ, pour nous reposer...* »

« Tanks ennemis détruits ». Nous voyons ici des chars Renault R 35, équipés du canon de 37 mm modèle 18, moins puissants que les B1 bis mais toutefois aussi redoutables pour les simples fantassins bavarois.

Remarque : L'auteur doit probablement faire allusion à la distillerie d'alcool de betteraves de la société des sucreries et raffineries Say d'Oisement lorsqu'il évoque l'usine en flammes. (Mathieu Lecul/ Somme & Bresle Battle.)

La 3e **section** a vécu cette dernière attaque de manière semblable, c'est-à-dire qu'elle est tombée sur une faible résistance ennemie et des tirs de mitrailleuse, à proximité d'**Oisemont**. Le spectacle des flammes puissantes provenant de l'usine incendiée de caoutchouc, à Oisemont, lui restera inoubliable.

La **4e section**, qui ne dispose pour l'instant que d'une seule pièce, est passée à l'attaque, en commun, avec la 2e section et s'est préparée au tir, et n'a pas eu d'instruction pour le faire ; elle va passer la nuit derrière une meule de paille.

La **1re section** est en réserve.

7 juin

Après quelques heures de sommeil, protégés du froid sans couvertures, seulement avec de la paille, nous nous levons à la première heure pour rester sur les talons de l'ennemi et ne pas lui laisser de répit. Toujours le même spectacle lors de notre progression : des maisons et des villages détruits, du bétail errant, et... des conserves et du pain que l'ennemi a dû abandonner dans sa fuite hâtive.

Jusqu'à présent, nous avons appris à connaître les divers visages de la guerre. Dans le mugissement de la bataille, son visage a montré sa dureté impitoyable et sa volonté de destruction inexorable, son masque de mort grimace dans le regard désolant des ruines calcinées, dans leur nudité sans voile. Mais le plus étrange est peut-être le silence de la guerre, cette rigidité guerrière ne montrant aucun signe extérieur de destruction, faisant frissonner le cœur comme un souffle glacé...

Ainsi, nous avançons dans ces villages jusqu'au crépuscule. Aucun son ne brise le silence de mort planant au-dessus des localités. Aucun humain ne se présente devant les portes ou derrière les fenêtres, aucune trace de vie. Seulement quelques chiens à moitié affamés et quelques chats misérables longent les maisons, craintifs et sans bruit. Parfois, se montrent aussi quelques poules qui ont toujours, jusqu'à présent, pourvu assidûment les soldats avec leurs œufs.

Pièces et chambres restent vides comme leurs habitants les ont laissées dans leur fuite éperdue. Est-ce la fuite devant le soldat allemand ou un ordre officiel qui a expulsé les paysans de leur terroir ? En aucun cas, ils n'ont pris le temps d'empaqueter et prendre l'essentiel avec eux. La nourriture est restée intacte sur la table ou dans l'armoire à provisions. Des jouets sont éparpillés comme s'ils venaient juste de tomber de la main des enfants. C'est comme si un charme avait tout figé et qu'il ranimerait les objets avec une seule parole...

La **1re section** avance jusqu'à **Rambures** et installe sa position de tir à quelques centaines de mètres derrière ce village ; les **2e et 4e** sections prennent aussi position derrière Rambures, mais en direction du sud-est, tandis que la **3e section** installe ses pièces à proximité de **Foucaucourt** et **Lignières-en-Vimeu**. Cette fois, toutes les *B-Stellen* se trouvent très en avant, sur le versant [nord] de la vallée de la Bresle, dont l'autre versant est encore « cadenassé » par des postes d'observation et des nids de mitrailleuse ennemis. Mais, à part cela, l'adversaire s'est montré aujourd'hui très « correct » !

La **3e section** en fait ainsi le rapport : « *... Dans l'après-midi, nous devons nous mettre en protection aérienne car 7 avions ennemis tournent autour de nous et observent de toute évidence nos mouvements et positions. Vers 18 heures, nous arrivons au village de* ***Foucaucourt****, abandonné, vide de tout habitant ; nous nous y prenons nos quartiers pour le repos. Bien protégés, nous nous installons sur le côté gauche de la route, dans un verger ombragé. Alors que nos chevaux viennent de boire, apparaissent de nouveau des avions ennemis. Quelques signaux et, quelques secondes plus tard, nous recevons des tirs intenses à proximité. Une partie des chevaux s'échappe, les fantassins se mettent à l'abri. C'est alors que le téléphoniste* ***Göger*** *reçoit un éclat d'obus, qui lui arrache une partie de la tête et il est tué aussitôt. Un chauffeur est gravement blessé sur un chariot à munitions. Malgré sa blessure, il attelle son cheval inondé de son sang et s'effondre. Nous cherchons à nous abriter dans une cave. Un mort, deux blessés graves et cinq chevaux tués sont le bilan de ces tirs soudains.* (19) *Ces événements resteront pour nous inoubliables...* »

Et la **2e section**, à laquelle l'unique pièce de la **4e section** reste rattachée, rapporte avec ces quelques mots le cours des événements : « *... Dans le courant de l'après-midi, nos fantassins se sont armés de pics et de pelles et avancent vers notre nouveau secteur d'engagement. Sur notre itinéraire de marche, long d'environ 5 kilomètres, nous sommes, à plusieurs reprises, observés par des avions ennemis, si bien que nous sommes contraints de nous mettre à l'abri, toujours et encore. Finalement, nous atteignons l'entrée d'un bois plus important, où la position de tir, déjà reconnue par notre chef de section, nous est assignée. Elle se trouve à environ 300 mètres de l'orée du bois, en plein champ, tandis que la* B-Stelle *doit être éta-*

A droite : la tombe du *Schütze* Josef Göger, tué le 7 juin près de Foucaucourt par un éclat d'obus. Göger est né le 12 juillet 1912 à Deisenhofen.

blie à environ 800 mètres en avant, sur un versant. L'installation de la B-Stelle *et de la position de tir exige un énorme travail et dure toute la nuit, jusqu'au lendemain matin. Les conducteurs amènent pièces et munitions en soirée et ramènent les attelages dans le village. Tous les travaux de retranchement sont rendus très difficiles en raison de l'observation aérienne permanente,* (20) *particulièrement aussi de nuit où, à intervalles réguliers, les pilotes larguent des fusées éclairantes pour bien observer le terrain. En tant que protection et lieu de repos nocturne pour les hommes, deux grands et profonds abris ont été creusés à la différence des positions précédentes où nous nous étions contentés de trous individuels. Les abris se trouvent alors directement sous un arbre isolé, bien protégés contre l'observation aérienne ; cette fois, pour la 4e section, des trous individuels ont été aménagés derrière un tas de paille, servant d'abri et d'emplacement pour dormir* [aux survivants de cette section]. *Pour être protégés des éclats d'obus, les deux abris sont recouverts de troncs d'arbre et de planches provenant d'une petite bergerie, puis de terre. Ces travaux ont été contrariés et interrompus régulièrement à cause des pilotes déjà cités et de tirs de harcèlement ; ce qui démontrera l'utilité de nos protections.* (21) *Pendant ce temps, la mise en place des pièces est aussi en cours. Ce qui est fait avec soin, car elles sont placées en plein champ et doivent être profondément enterrées. Les trous pour les hommes et les munitions complètent la sécurité de toute la position de tir. »*

8 juin

Pendant toute la journée, les sections vont subir une vive activité aérienne et des tirs d'artillerie intermittents. Les abris, positions de pièces et trous individuels sont encore renforcés. Au-dessus de nous, dans les airs, ont lieu des combats aériens, attirant notre attention, entre bombardiers ennemis et chasseurs allemands. Au milieu d'une discussion concernant ces combats aériens, tombe l'ordre, pour les sections, de se préparer à la relève…

Les sections quittent maintenant leurs positions et vont se rejoindre (à l'exception de la 1re section), après des journées de séparation, dans le village de **Framicourt**, se trouvant encore sous les tirs de l'artillerie ennemie. Même le train rejoint aussi la compagnie. On fêtera partout joyeusement ces retrouvailles, alors qu'on ne s'était pas revus depuis les journées d'Abbeville.

9 juin

Un ordre d'engagement arrive de nouveau à l'aube. Les sections se mettent en position sur le versant raide de la vallée de la Bresle, dans des conditions rendues difficiles par le terrain ; ce sera notre dernière position de combat durant cette guerre contre la France. Une épaisse couche de brouillard règne sur toute la vallée, rendant pour l'instant toute observation impossible. Vers 9 heures du matin, les compagnies d'infanterie passent à l'attaque, après la disparition du brouillard, la vallée apparaît maintenant devant nous sous un soleil radieux. Mais on ne voit plus trace de l'ennemi et avec l'ordre : *Stellungswechsel noch vorwärts* (« changement de position, encore en avant »), nous clôturons notre dernier engagement et nous nous mettons à la poursuite de l'ennemi.

(17) Remarque intéressante sur les pertes subies par le régiment.

(18) « Hourra » était un cri de guerre très usuel dans l'armée impériale allemande… et aussi dans l'armée russe.

(19) Dans le repli éperdu, un bel exemple toutefois d'une bonne coordination entre l'aviation et l'artillerie françaises.

(20) Ici, la Luftwaffe n'est pas maîtresse du ciel.

(21) On notera le soin consacré à aménager cette position… pour une seule nuit.

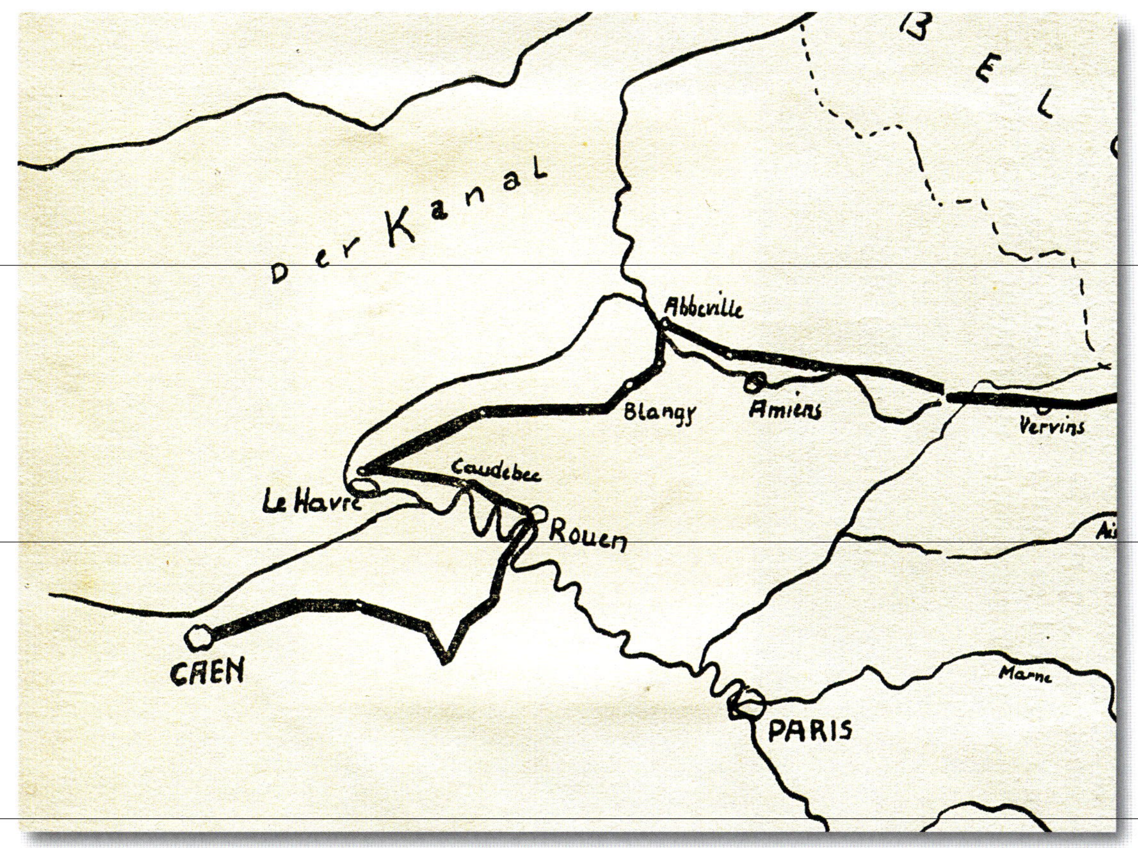

Sur ce détail de carte, déjà présentée au début du chapitre 2, nous voyons la dernière phase des 1 200 kilomètres de marche de la 13e compagnie après la très dure bataille d'Abbeville, jusqu'au Havre, à Rouen et à Caen !

Les destructions à Londinières.

5

DE LA VALLÉE DE LA BRESLE À LA SEINE

La poursuite se déroule sous une chaleur écrasante. Sur un kilomètre, la route nous mène, par delà la vallée de la Bresle, sur le haut du versant opposé ! Malgré de frais bosquets, les gouttes de sueur coulent sur nos visages. A seulement quelques mètres de la route principale sont empilés de gros stocks d'obus de l'artillerie française que nos adversaires n'ont pu emmener lors de leur fuite rapide. Malheur à nous, s'ils avaient pu être utilisés !!

Nous marquons une courte pause à un carrefour. La compagnie a pu enfin se rassembler, après que la 1re section *(1. Zug)* soit arrivée du sud-est par une route secondaire, et a rejoint les autres sections. Depuis notre premier engagement, près d'Amiens, le 28 mai, la 13e compagnie s'est trouvée séparée. Les sections avaient alors été réparties auprès des bataillons et un engagement massif n'avait pu avoir lieu. Et maintenant, les quatre sections et leur train de combat sont heureusement de nouveau ensemble et la marche à l'ennemi va reprendre vers l'ouest, mais sans jamais pouvoir le revoir ou le battre.

Et nous pouvons traverser en paix le paysage agricole. On pourrait croire que la furie de la guerre ne s'est pas répandue dans ce secteur côtier du nord de la France. Mais les attaques de nos Stukas et de notre artillerie ont cependant laissé des dégâts dans les plus grandes villes et les nids de résistance de l'adversaire.

Ainsi, lors de notre marche, nous traversons les localités, en partie détruites, de Foucarmont, Londinières, Torcy et Longueville. Le long des routes, nous rencontrons déjà les premiers réfugiés qui veulent rentrer dans leurs logements abandonnés quelques heures auparavant. Ce sont des gens qui tiennent fanatiquement à leurs foyers et n'ont pas d'autre souhait que rentrer chez eux et pouvoir reprendre leur vie paisible.

Nous sommes confrontés à un autre aspect dramatique : alors que nous poursuivons notre avance inexorable vers l'ouest et que nous nous rapprochons de la victoire finale sur la France, nous croisons des colonnes sans fin de prisonniers français, se dirigeant vers un destin incertain…

Prisonniers français.

Prisonniers français et anglais, dont un officier supérieur.

Le retour des réfugiés.

Abattus et désemparés sur leur triste sort et celui de leur patrie, ils baissent la tête vers le sol et n'osent pas croiser le regard de leurs vainqueurs passant devant eux. Naturellement, il y a parmi eux quelques Français paraissant heureux de ne plus subir les attaques redoutées des Stukas et d'avoir pu échapper à cette bataille meurtrière. Car ils ne savent pas du tout pourquoi ils devaient engager leur vie pour une cause qui n'était pas la leur *(sic !)*

Une merveilleuse détente s'offre à nous à proximité de **Doudeville**, où nous arrivons le **12 juin** : pour la première fois, depuis le 12 mai, nous pouvons nous laver totalement dans l'eau fraiche d'un petit ruisseau ! Un sentiment merveilleux pour notre corps, pour notre peau, sur laquelle, chaque jour, du matin au soir, n'avait coulé qu'une sueur chaude et salée.

Peu avant d'avoir atteint notre objectif du jour, nous apprenons l'entrée en guerre de l'Italie. Nous en parlions depuis deux jours mais nous n'en savions pas plus. Une joie sincère se répand au sein de notre troupe en apprenant cette importante nouvelle concernant la fidélité de l'Italie à ses alliances.

La vie commune et la marche commune des sections ne va pas durer longtemps. Dès le **13 juin**, la 2e section doit quitter la compagnie pour remplir des missions particulières à proximité de la mer. Le reste de la compagnie marche, par **Goderville**, sur **Le Havre**, le grand port situé à l'estuaire de la Seine. Il se trouve déjà pris par des troupes allemandes depuis plusieurs heures. (1)

(1) On se reportera au volume 3 du *Mémorial de la Bataille de France*, de Jean-Yves Mary – éditions Heimdal, 2017, et en particulier sur les engagements de la 10e Armée française, faisant face, entre autres, à la *57. Infanterie-Division* – pages 182 à 188, 211 à 214, 241 à 244.

La côte havraise vue depuis la digue nord. A quelques encablures, nous apercevons l'épave du *TSS Bruges* coûlé par l'aviation allemande le 11 juin 1940. Cet ancien ferry a été réquisitionné par l'armée britannique pour le transport de troupe. D'autres navires ont subi le même sort ce jour là. Dont le cargo *Niobé* qui sombra avec de nombreuses victimes civiles à son bord...

Les « coiffeurs auxiliaires » (« *Hilfs-Friseure* ») sont de plus en plus sollicités. Notons l'usage de la toile de tente Zeltbahn en guise de cape de coupe.

Magnifique panorama sur Montivilliers, avec son abbaye médiévale.

6

LES PREMIERS JOURS DE « REPOS » APRÈS LA BATAILLE

Déjà au loin, nous apercevons les panaches de fumée grimpant vers les cieux après l'attaque de nos Stukas, signalant, de toute évidence, les réservoirs de carburant de la cité portuaire du Havre. Pour la première fois, nous apercevons aussi, en arrière-plan, la large vallée de la Seine, fleuve évoquant la mer si proche. Quelques kilomètres avant Le Havre, sur une hauteur dominant la belle et agréablement bâtie cité de **Montivilliers**, nous installons notre quartier dans un grand domaine agricole et avec un merveilleux château dont il dépend.

Le jardin le précédant nous offre un spectacle surprenant. Là gisent encore les restes d'un bataillon anglais ayant fui précipitamment : uniformes, chemises, chaussettes, chaussures, bottes, même des souliers de football dont les Britanniques ne manquaient pas pour leurs loisirs. Ces articles n'avaient quasiment pas été portés et étaient encore tout neufs, trois ou quatre camions, restés là, nous prouvèrent que ce matériel était prévu comme réserves de remplacement pour le magasin d'habillement de l'armée anglaise. Naturellement, tous vont être utilisés par nous. Mais la plus grosse prise pour la compagnie sera des petits camions rapides.

Avant que nous puissions nous étendre dehors, à proximité des chevaux sur nos « lits de paille», ou dans les granges, nous arrive une surprenante bonne nouvelle : nous ne poursuivrons pas notre marche le jour suivant, un jour de « repos » nous a été accordé ! Pour la première fois depuis notre engagement à l'ouest, nous resterions un peu plus longtemps au même endroit pour nous reposer des épreuves des dernières semaines ?

Vendredi 14 juin 1940

Nous allons pouvoir dormir une demie heure de plus ! Une grande satisfaction pour nous tous ! Même l'ordre de marche est suspendu aujourd'hui ! Sommes-nous déjà arrivés à la fin de la guerre en France ?

Nous passons toute la journée à nettoyer à fond les pièces d'artillerie et les autres matériels. Et nos propres « frusques » sont examinées, recousues et les chers *Knobelbecher* (1) sont amenées au cordonnier qui a installé son atelier en plein air et se trouve submergé par la tâche.

Une grande surprise survient dans l'après-midi. Le *Zugtrupp* (équipe de commandement) de la 4e

Cordonnerie de campagne.

section est porté disparu depuis le 4 juin : le *Leutnant* Geigl et le pointeur, le caporal Kranavetvogel, viennent de rejoindre leur compagnie. La joie illumine les visages ! On les avait déjà comptés pour morts, après que des membres d'une autre compagnie nous aient raconté qu'ils avaient enterré cinq hommes et un *Leutnant* dans le secteur qui avait été celui de la compagnie près d'Abbeville. Leur retour nous procure ainsi une joie d'autant plus grande.

Naturellement, les questions fusent alors et nous pouvons suivre pendant des heures les récits de ces revenants. Nous voulons tout d'abord connaître le sort des quatre camarades que nous n'avons pas encore revus. Nous venons toutefois d'apprendre que deux d'entre eux vont bientôt rejoindre la compagnie. Quant aux autres, nous apprenons aussi qu'ils ont été très gravement blessés lors de leur captivité et qu'ils se trouvent dans un hôpital français.

« Le* Leutnant *Geigl raconte. »

« C'était le 4 juin 1940, devant le Mesnil Trois Fetus (Abbeville) » - raconte le *Leutnant* Geigl devant des auditeurs attentifs. *« J'avais été détaché auprès de la 6e compagnie avec ma section de pièces d'infanterie* (IG-Zug). *Celle-ci devait défendre une position, la plus avancée vers le sud. Avec ma* B-Stelle (poste d'observation)*, j'effectuais l'observation en toute première ligne. Pendant des heures, les tirs de l'artillerie lourde se sont abattus sur nous. Puis les blindés sont arrivés et nous ont encerclés. Ils ont évolué à l'extérieur et à l'intérieur du jardin où se trouvait notre position, ici et là, écrasant et broyant tout. Progressivement, les trois pièces de Pak, qui nous étaient attribuées et les MG de la compagnie de fantassins furent réduits au silence. Des charges concentrées furent sans effet. De nouveaux blindés arrivaient, tirant des remorques avec des fantassins armés de FM. Pour la première fois, des cibles s'offraient à nos fusils ; nous avons pu continuer à résister jusque vers 10 heures, puis les survivants, environ une trentaine de combattants, ont été capturés, dont mon* Zugtrupp.

Notre chemin de croix a alors commencé. Ce fut comme un exploit pour l'adjudant français et ses hommes, nous amenant pour traverser une bande de soldats menaçants. Là, nous avons fait connaissance avec le vrai visage des Français. Avec toujours la mimique de nous couper le cou et le cri "Boches" (2). *Après que nous ayons été trimballés pendant près d'une heure, les Stukas sont apparus et se sont attaqués à l'artillerie française et aux positions des blindés. "Si nous étions arrivés là une heure plus tard, alors nous ne serions pas ici". Ces pensées se pressent involontairement. Et maintenant, face à nos pilotes, nous devions nous mettre à l'abri. La marche nous menant au premier centre de regroupement de prisonniers est longue et chaude. Nous nous remontons le moral entre nous. La foi en notre commandement et dans la proche victoire est le meilleur soutien dans notre honteux destin.*

Le point de rassemblement est surveillé par des Tommies. Une bonne situation pour les Anglais, laissant les autres combattre. [sic !] *Je suis moi-même aussitôt séparé de mes hommes et j'ai deux soldats pour me surveiller. Suit un premier interrogatoire mené par un officier parlant allemand. Mon identité est établie, suivent des questions délicates sur nos positions d'artillerie, nos forces blindées, le ravitaillement de nos troupes et d'autres questions importantes. Je devais là, malheureusement, décevoir mon interrogateur si amical car, à ses questions, ma mémoire faisait défaut… et c'en était fini de l'amitié. Sans autres explications, je fus poussé dans une automobile et trans-*

(1) « Cornet à dés », surnom donné par les *Landser* à leurs courtes bottes.

(2) Même si le *Leutnant* en a rajouté, l'anecdote est plausible : « la haine du Boche» étant réelle et le stress du combat aidant…

Le retour des manquants, tous sont groupés autour d'eux. On aperçoit le cordonnier sur la droite.

porté à travers la région jusqu'à minuit. L'étape finale fut la cellule étroite, et dépourvue de fenêtre, d'une prison. Je ne peux malheureusement préciser sa localisation mais je présume qu'il s'agissait de Neuchâtel. Un sac de paille à moitié déchiré et sale se trouvait sur le sol humide. Cependant, épuisé, j'ai dormi plusieurs heures. C'est le premier sommeil depuis des jours qui n'ait pas été accompagné par le grondement des canons. Que donnerais-je pour pouvoir me retrouver avec mes camarades au milieu des tirs. En me réveillant, j'aperçois un léger filet de lumière par la porte de ma cellule. Avec difficulté, je peux me rendre compte qu'il doit être six heures du matin. Le temps s'écoule trop lentement dans cette obscurité. Les pensées concernant le sort de mes camarades sont lancinantes. A nouveau, une clé tourne dans la serrure, apparaissent deux soldats et une femme. Je m'attends à être emmené pour un interrogatoire, mais ils ne veulent que voir "l'officier allemand" *[en français dans le texte]. Un rire moqueur, des insultes, et la porte se referme.*

Vers 10 heures, je suis emmené par deux hommes armés. Aveuglé par la lumière du jour, j'arrive dans une pièce où est assis un officier français, dans une attitude décontractée. De manière cynique, il m'exprime ses regrets concernant la façon dont j'ai été traité, en disant "c'est la guerre" *[en français dans le texte]. Le jeu du premier interrogatoire se remet en place. Tout d'abord de l'amitié puis une brutalité ouverte. Je remarque le fait que notre artillerie et nos panzers leur "pèsent lourdement sur l'estomac". Il veut aussi s'informer sur les troupes se trouvant sur nos arrières. Je ne peux "malheureusement" pas lui donner de renseignements et mon regret est si "sincère" que le sien auparavant.*

L'audience est terminée. La porte de la cellule se referme à nouveau. A midi, on me remet une écuelle sale avec du riz sans aucun goût et un morceau de pain, puis coulent à nouveau les heures sans fin. Parfois, quelques voix et des cliquetis d'armes parviennent jusqu'à ma cellule…

On vient me chercher à nouveau vers 4 heures de l'après-midi et, avec d'autres camarades, je suis embarqué dans un camion. Quel bonheur de voir des Allemands. Nous débarquons finalement au Camp de Hannaches, un camp de prisonniers près de Gournay [en Bray]. Nous sommes maintenant environ 282 prisonniers allemands, la plus grande part d'entre eux sont des membres de notre division, et quelques-uns proviennent de la Flak et de la Luftwaffe (3). *Ils sont là déjà depuis huit jours et ils nous entourent, pour apprendre des nouvelles provenant du monde extérieur. Le manque de cigarettes se fait durement sentir. Je répartis celles que j'ai encore dans mes poches. Une seule cigarette va passer entre les mains de dix hommes, qui en tireront des bouffées, tour à tour. Le mégot sera fumé jusqu'à la fin dans une pipe. La nourriture est maigre, le travail est dur pour les corps émaciés de nos hommes, la surveillance est stric-*

Parmi ce retour, le *Leutnant* Geigl raconte…
- Remarquons que les « revenants » sont en uniforme alors que leurs camarades, au repos, portent le treillis.

te. Les premiers jours, ils n'avaient ni assiettes, ni couverts, ils ont récupéré des boites de conserves vides et ont taillé de petits morceaux de bois, il en est de même pour les officiers qui avaient été amenés là, un jour avant mon arrivée. Au début, ils ont dû dormir directement sur le sol en béton. Plusieurs blessés se trouvent aussi toujours dans le camp et, malgré les demandes, ne sont toujours pas amenés à l'hôpital.

Le lendemain, le travail est soudain suspendu, tous reviennent au camp. Nous ne savons pas ce qui se passe ; nous supposons seulement que nos pilotes en portent la responsabilité. En fin d'après-midi, des bombes allemandes tombent à proximité du camp, quelques centaines de mètres devant et quelques centaines de mètres à l'arrière. Nous nous tenons tranquillement groupés et admirons nos "oiseaux". Ils ne nous effraient pas car le camp a probablement été repéré par nos pilotes comme un camp de prisonniers de guerre. Les bombes sont probablement une semonce pour les Français. (4) *Un garde – qui s'appuyait avec fierté sur son fusil et portait vers nous un regard martial – est envahi par la peur, jetant sa pétoire, pour se réfugier dans un fossé. Nous éclatons de rire mais la punition suivra. Dès la disparition de nos avions, les Français reprennent courage, arrivent vers nous et nous poussent dans les baraquements. Nous allons devoir passer le reste de la journée dans ces baraques envahies par la fournaise de ce mois de juin. Mais nous allons cependant continuer de rire longtemps* (5). *Peu à peu, l'espérance d'une percée de nos troupes et d'une proche libération commence à poindre. Le lendemain, nous reprenons le travail. Pour 48 heures, nous recevons un morceau de pain, une tablette de chocolat et peut-être 125 grammes de saucisson.* (6) *Vers midi, nous marchons pour rejoindre la gare de* ***Ferrières*** *près de Gournay. Les colonnes de soldats français s'y agglutinent déjà. Les pilotes allemands ont déjà déposé leurs "œufs" à proximité de la gare.* (7) *Les cheminots arrivent vers nous en hurlant mais nos gardiens les tiennent à distance et nous casent dans une salle d'attente. Puis on nous fait embarquer, par 50 hommes, dans des wagons de marchandises, pleins de crottin de cheval ; et les ouvertures des wagons sont masquées. Ainsi, nous sommes assis, pressés les uns contre les autres, dans une semi-obscurité et nous réfléchissons à notre destin incertain. "Ce train est une cible offerte à nos pilotes". Ces pensées nous inquiètent. Nous arrivons à* ***Gisors*** *; bruit de moteurs… Le train s'arrête soudain. Un hurlement, une explosion et un fracas. Ce que nous redoutions est arrivé. Nos gardiens se ruent à couvert, mais nous devons rester dans ce train fermé et réalisons bientôt que les*

(3) Ce détail crédibilise tout ce récit, nous apprenons ainsi que ce camp aurait regroupé près de trois cents prisonniers, vérité peu facile à avouer par une armée victorieuse et, d'ailleurs, mal connue en France. Ce témoignage exceptionnel est du plus haut intérêt, évoquant le sort, dramatique, de ces prisonniers au milieu d'une armée française déjà battue – et hostile – et sous les bombes…

(4) Vision un peu idyllique, surestimant peut-être les capacités d'observation aérienne.

(5) Toutes ces remarques, psychologiques sonnent vrai : les Français sont terrorisés par les Stukas, ce qui est plus que compréhensible. Quant aux Allemands, subissant l'humiliation de la captivité, ils ne craignent pas les leurs et prennent leur revanche…

(6) Les conditions de captivité initialement dures et spartiates sont, de toute évidence, dues à une désorganisation d'une armée française en pleine retraite et avec des prisonniers qui vont maintenant se trouver emmenés dans le chaos de la déroute française.

(7) *Eier* : métaphore allemande pour désigner les bombes.

A droite :
Au pieds des falaises de Sainte-Adresse, au nord du Havre, dit « Le bout du monde ».

parois des wagons ont été disloquées. Nous déplorons 8 morts, un certain nombre de blessés graves et beaucoup de blessés légers. Nous ne pouvons que donner les premiers secours à nos camarades puis on nous amène à un bois situé à proximité. Avec le Kapitän [un capitaine, en français], *je veux rejoindre nos morts et nos blessés graves mais on ne me l'accorde pas. Le* Kapitän *se rend seul auprès d'eux et fait en sorte, d'après ses dires, que les blessés graves soient transportés à l'hôpital de Gisors. Dans la soirée, alors qu'il n'y a plus à craindre d'attaques aériennes, ce qui reste de notre triste train nous amène à Gisors. Nous allons passer la nuit dans une cour d'école dans le centre ville. Des quartiers sont en flammes et des masses de civils en colère s'amassent devant le portail de la cour de l'école. Mais le chef de nos gardiens parvient à les disperser. Le lendemain matin, de nombreux Stukas surgissent et écrasent tout un quartier de la ville. Nous nous trouvons en plein dedans. C'est comme si le monde était en train de disparaître. Comme par miracle, la cour de l'école ne reçoit pas de coup au but, si bien que nous ne comptons que deux blessés. Dès que l'attaque est passée, nous fuyons la ville et passons le reste de la journée à proximité, dans un petit bois. Notre ravitaillement a été en grande partie perdu lors des attaques aériennes. Il n'y a pas d'eau à proximité, nous connaissons alors la faim et la soif. Nous avons trois blessés graves avec nous. Pour ne pas les abandonner, nous fabriquons des civières avec des branches et des toiles de tente ; nos bombardiers reviennent dans la soirée. En rase-mottes, ils repèrent le grand dépôt de munitions de Gisors et le bombardent avec succès. Avec l'arrivée de la nuit, nous marchons en direction de* ***Vernon****, ville distante de 21 kilomètres, laissant derrière nous les explosions du dépôt de munitions. Cette nuit-là aussi, de grandes colonnes de soldats français, en pleine décomposition, s'enfuient vers le sud. Notre espoir d'une libération se renforce. A l'aube, nous nous installons à nouveau dans un petit bois. Nous marquons la pause jusqu'à midi puis, poussés par la faim et la soif, nous marchons jusqu'à la localité la plus proche ; nous revenons cinq kilomètres en arrière lorsque, soudain, une mitrailleuse se met à aboyer derrière nous. Un véhicule tire sur nous, mais sans succès. Ça se remet à tirer derrière nous et j'entends appeler :* "Les troupes allemandes sont là" *; et soudain, un véhicule blindé allemand se tient à côté de moi, un officier en descend avec un pistolet-mitrailleur. La joie est extraordinaire. Ce sont des* Panzerjäger *de l'*Infanterie-Regiment 72*, qui nous libèrent ainsi. Nous désarmons aussitôt nos gardiens et marchons avec eux jusqu'au plus proche village. Nous sommes alors le 9 juin, il est 14 heures, le plus beau jour de notre vie. Maintenant, les blessés sont aussitôt soignés et commence alors la recherche de nos troupes, vers vous…* »

Samedi 15 juin 1940

Notre souhait de sortie ne peut provisoirement pas être exaucé. Mais notre commandant de compagnie nous réserve une autre surprise : par sections, nous allons pouvoir nous rendre chaque jour en bord de mer, grâce à notre camion « de prise » et nous allons vivre des heures que nous n'aurions même pas imaginées s'il n'y avait pas eu la guerre. Car qui aurait pu avoir eu auparavant l'idée que

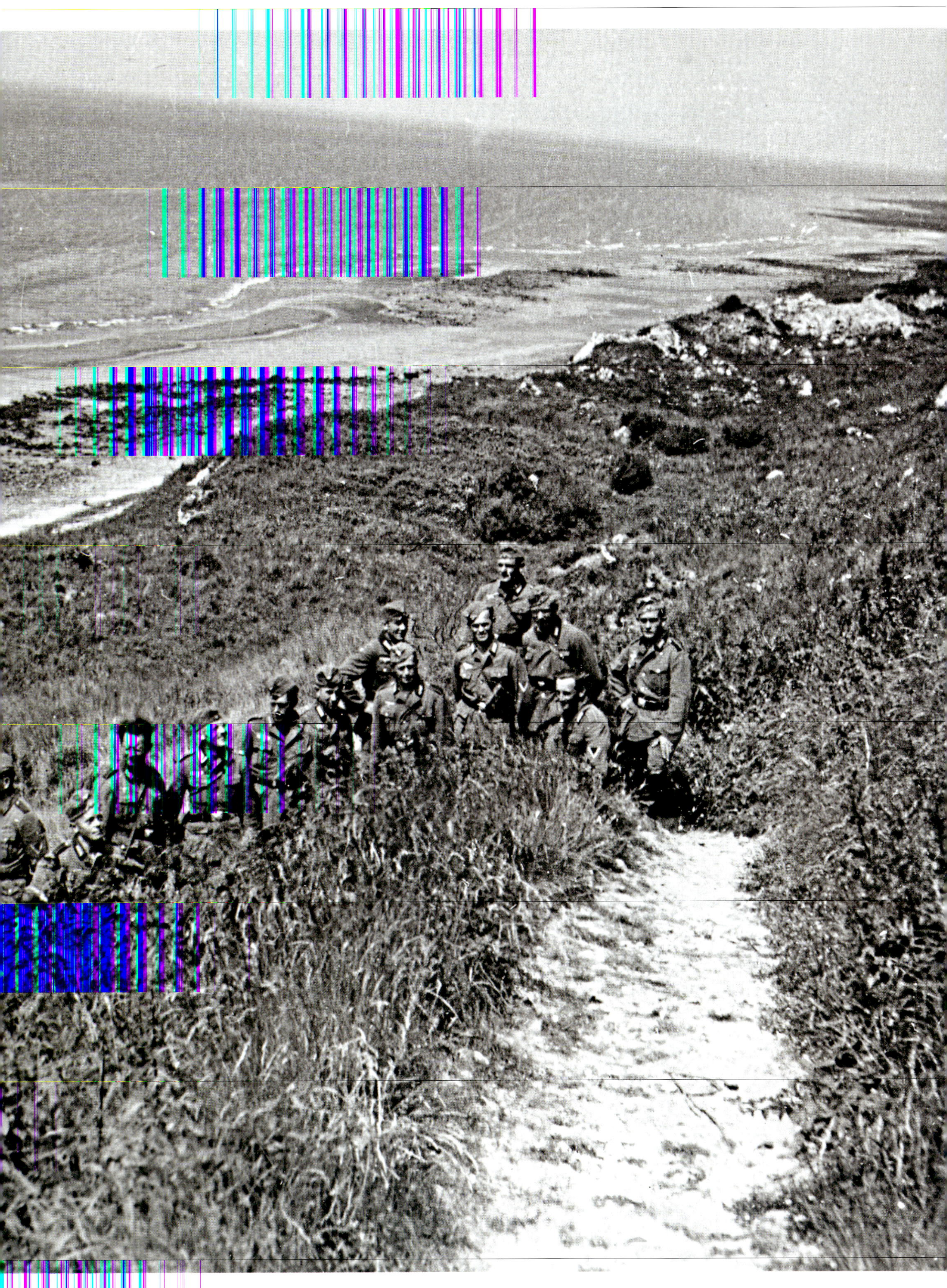

nous aurions pu nous trouver là-haut, dans le nord de la France, au bord de la mer, de nous réjouir de la beauté de la couleur des coquillages et des falaises à pic d'où on peut voir la mer sans fin. (8)

Nous consacrons aussi une visite à la ville du Havre et cela nous permet un moment de réconfort lorsque les soldats, en commun avec la population restée sur place, font monter un chant d'action de grâce vers les cieux, dans la monumentale cathédrale (9), exprimant que la guerre a trouvé sa fin et une issue qui est juste. [sic !]

Nous sommes particulièrement attirés, en tant que fantassins, par une pièce lourde d'artillerie de marine vers le secteur de la plage.

Dimanche 16 juin 1940

... une merveilleuse journée estivale ! Pour la première fois, les cloches des églises des alentours résonnent jusqu'à nos oreilles ; nous réalisons qu'il y a encore des dimanches alors que, jusqu'à aujourd'hui, nous ne faisions plus la différence entre journées de travail et jours de fête. Et ainsi, ce dimanche est pour nous un vrai jour de repos et personne ne laisse passer cette opportunité, et on va répondre et écrire pour remercier des paquets et des lettres reçus pendant les journées de combat.

Et tandis que les vêtements sont totalement remis en état, lundi, une cérémonie festive a lieu en soirée, les premiers EK II [croix de fer de IIe classe] sont attribués à des membres particulièrement courageux de la compagnie, mardi **18 juin** est à nouveau un jour important pour la compagnie. (10) Les « jours de repos » sont terminés pour la compagnie ; ceux-ci ont été accordés dans le cadre des grandes opérations militaires et ont eu une fonction précise. Et un armistice n'est pas encore conclu ! Ainsi, il faut maintenant poursuivre l'ennemi.

(8) A notre époque où les voyages nous permettent de traverser l'Europe, ces propos nous semblent étonnants et, pourtant, très peu de Français et d'Allemands connaissaient alors le pays voisin. Un Bavarois avait très peu de chance de découvrir les côtes de la Manche.

(9) La cathédrale Notre-Dame « survivra » au bombardement du 5 septembre 1944. Mais cette action de grâce en commun a lieu en fait à l'église Saint-Vincent-de-Paul (toujours « debout » également) et peut sembler surprenante mais la population civile était soulagée par cette fin de guerre, anecdote d'autant plus bouleversante que cette même population sera la proie des bombes... anglaises, le 5 septembre 1944. Mais elle ne l'imaginait pas encore...

(10) Rappelons que c'est aussi le jour de « l'Appel » du général de Gaulle...

Face à l'immensité de la mer.

Sur les marches de l'église Saint-Vincent-de-Paul et pas au pied de la cathédrale, comme l'écrit l'auteur, au Havre après l'office.

Cette photo de groupe, devant la plage du Havre, a été prise sur le Terre-Plein entre la digue nord et le monument de la reconnaissance belge (qui se trouve, désormais, sur les hauteurs de Sainte-Adresse). En fond, le Cap de la Hève domine La Manche.

Les restes d'une pièce d'artillerie lourde au Cap de la Hève, au nord du Havre. En arrière-plan, nous apercevons les phares de la Hève.

En fond : au pied des falaises du Pays de Caux. Ils sont ici à Bruneval et, grand hasard de l'Histoire, là où le *Major* Frost rembarquera avec ses hommes après le coup de main sur le radar de La Poterie - Cap d'Antifer, dans la nuit du 27 au 28 février 1942 !…

Ci-dessous : le même lieu en temps de paix. La forme de la falaise en fond, dit la Pointe du Grouin, ne laisse pas la place au doute. (Collection et identification Nicolas Bucourt.)

Ci-contre : la plage aujourd'hui, avec le Memorial du Raid de Bruneval à gauche. (Photo N. Bucourt.)

Dans les ruines de Caudebec-en-Caux, le long de la Seine.

7 DU HAVRE À CAEN

19 juin 1940, 5h30 : Nous quittons **Montivilliers** à l'aube et empruntons la route principale en direction de l'est. Personne ne sait où elle nous mène. Toutes sortes de bruits courent. Et parmi eux revient le nom de « Paris », qui tourne dans toutes les têtes. Quel événement ce serait de pouvoir défiler dans Paris ! Pour l'instant, nous avons Rouen comme objectif, en remontant la Seine. La compagnie est à nouveau à effectifs pleins, après que des renforts soient arrivés à point de la *Heimat* (1) ces derniers jours. Après une étape de marche de 20 kilomètres, nous faisons une halte à **La Remuée** (2), où nous passons la nuit.

Ce qui va défiler devant nos yeux le lendemain restera inoubliable : le long de la route s'amoncellent toujours plus le nombre de voitures privées que leurs propriétaires, des réfugiés civils en fuite, ont abandonnées à la hâte avec quelques biens laissés sur place. Ce spectacle est de plus en plus triste et affligeant alors que nous nous rapprochons de **Caudebec**, « ancienne » ville sur la Seine. (3)

Ici, dans cette ville, des centaines de véhicules de civils en fuite ont été surpris par nos Stukas. En partie complètement incendiés, ils encombrent les rues.

Désolation dans Caudebec.

Intacte, l'église Notre-Dame de Caudebec-en-Caux se dresse au-dessus des ruines de la cité. Nous remarquons, au premier plan, des inscriptions communistes, « *Vive les Soviets* », avec une faucille et un marteau. Le rôle, important, du PCF dans la défaite française de 1940 a trop souvent été occulté. La réalité, après la signature du pacte germano-soviétique : sabotages en usines du matériel militaire, désertion et départ à Moscou de Maurice Thorez, sabotage moral parmi la troupe. Des témoignages allemands, rapportés dans l'ouvrage de K.H. Frieser, évoquent des banderoles portant l'inscription : « Bienvenue à nos camarades allemands »… Ces inscriptions de Caudebec en sont un témoignage supplémentaire…

Véhicules détruits de civils en fuite, au milieu des ruines de Caudebec.

(1) « La patrie, le pays natal », terme allemand ayant une force charnelle évoquant le « foyer » et, ici, la Bavière.

(2) La Remuée se situe entre Montivilliers et Caudebec, à proximité de Saint-Romain-de-Colbosc.

(3) La compassion de ces catholiques bavarois semble réelle. La destruction de Caudebec-en-Caux, cité médiévale, est effectivement une grave perte patrimoniale ; la cité fut détruite à 80% le 9 juin 1940 par la *Luftwaffe*. L'église Notre-Dame, visible sur les photographies, de même que la célèbre Maison des Templiers auront été épargnées. Le « nouveau » Caudebec n'a plus qu'un lointain rapport avec « l'ancienne ville ». Le narrateur a bien noté cette rupture irrémédiable, comme il y en aura des milliers d'autres, dans cette guerre atroce…

L'église Notre-Dame de Caudebec se dresse intacte au milieu de la cité médiévale ravagée.

Une boutique.

Et la ville nous procure un spectacle indescriptible et, si on veut seulement l'évoquer : des maisons incendiées et effondrées, les rues encombrées de débris, bloquées par des pneus arrachés, au milieu de cadavres de chevaux et chiens morts... une image affligeante d'un conflit dont on perçoit les résultats sur ce pays, qui a souhaité la guerre ! (4)

Et au milieu de ces ruines incendiées s'élevant vers le ciel, se dresse le monument emblématique de la cité, son église intacte [Le narrateur ajoute, alors, propos polémiques tranchant un peu sur le ton assez neutre du texte]. Comme dans bien d'autres cas, les soi-disant « barbares » ont pris soin des monuments et lieux de culte de la ville !

Tandis que nous passons, sur le quai de Seine, le long des commerces détruits et des vitrines éventrées, nos pensées nous ramènent à notre *Heimat* qui a été épargnée jusqu'à présent par de tels coups terribles ! (5)

Entre Caudebec et **Duclair** se termine notre étape de marche de la journée et nous passons la nuit suivante dans un village à moitié vide. Les habitants sont très craintifs et nous donneraient tout ce qu'il nous faudrait si seulement ils l'avaient pour eux-mêmes.

Comme il y a un mois, la marche quotidienne n'est, naturellement, plus accomplie au même rythme et avec les mêmes dangers. Tandis que la Seine se déroule en multiples méandres, notre marche nous mène jusqu'à la ville de **Rouen**, déjà aux mains des troupes allemandes depuis plusieurs jours. Et, à la sortie d'une hauteur boisée, la ville apparaît soudain avec ses installations portuaires largement étalées.

Cette vue panoramique sur la cité des bords de Seine est grandiose. Elle est environnée de versants boisés d'où surgissent des morceaux de falaises crayeuses. Dans le centre ville se dressent fièrement des monuments, parmi les plus beaux de France. Des cheminées d'usines et des grues pour bateaux témoignent aussi d'une importante industrie active ici.

Une longue avenue de quatre kilomètres de long traverse les faubourgs et mène au centre ville où sont revenus de nombreux habitants. Bien que la ville ait été défendue par les Français, nous ne remarquons pas de grosses destructions. (6) Nous remarquons seulement un vapeur fluvial coulé près d'un quai.

Naturellement, les Français, lors de leur retraite, ont dynamité tous les points de franchissement sur le fleuve, dont une passerelle en acier. Les hommes de l'*Organisation Todt* travaillent sans répit, jour et nuit, pour établir une passerelle d'urgence. Avec reconnaissance, nous saluons les hommes en uniforme brun qui, juste derrière les

(4) Cette remarque peut paraître choquante pour un lecteur français. Mais il ne faut pas oublier que cette guerre a été déclarée par l'Angleterre qui poussa la France à tenir ses engagements. Guerre catastrophique pour cette dernière - voir à ce sujet *L'inexorable défaite*, de Jean-Yves Mary, aux Editions Heimdal - La France, qui n'était pas en mesure de la mener victorieusement, a été conduite à l'un des plus grands désastres de son histoire. Et, pour le soldat allemand, Angleterre et France étaient l'agresseur...

(5) Malheureusement pour ces soldats bavarois, ils ne savent pas encore que leur *Heimat* subira des épreuves encore bien plus terribles...

(6) Il y en eut cependant mais les plus graves bombardements auront lieu en 1944.

Magnifique panorama sur Rouen.

Sur les quais de Rouen.

L'Organisation Todt est déjà à l'œuvre pour rétablir le franchissement sur la Seine, à Rouen.

La 13e compagnie croise les « hommes en brun » de l'Organisation Todt.

La détresse des civils réfugiés dans les faubourgs de Rouen.

premières lignes, se dépensent pour faciliter, le plus rapidement possible, la progression des troupes allemandes. Lors de notre passage, ils nous remettent une partie de leurs boissons et friandises. Nous nous réjouissons de ce contact avec ces camarades allemands, nous échangeons des salutations.

Tandis que nous avançons sur la large rue pavée, flanquée d'immeubles d'habitations de trois, quatre ou cinq étages et que, déjà, au loin, les compagnies obliquent vers la droite, pour traverser la Seine, soudain, un message arrive de l'avant, transmis d'un homme à l'autre : « *Colonel à droite !* » Et, effectivement, peu avant de traverser sur le pont, le Kommandeur de notre régiment, « son âme à lui seul »... veut, comme si souvent durant les dures heures de cette campagne, regarder dans les yeux chacun de ses hommes (7) et se rendre compte du maintien de l'esprit combatif de ses troupes. On bombe le torse, comme d'habitude, on se reprend, on redresse la tête et juste au moment où nous allons utiliser le pont provisoire, nous voyons l'*Oberst*. Rapide conversation avec les camarades de la 3e section, de son habituelle manière amicale, évoquant les choses sérieuses et suscitant rires et visages joyeux.

Au même endroit, dans ce faubourg industriel de Rouen, la 13e compagnie croise le retour des civils.

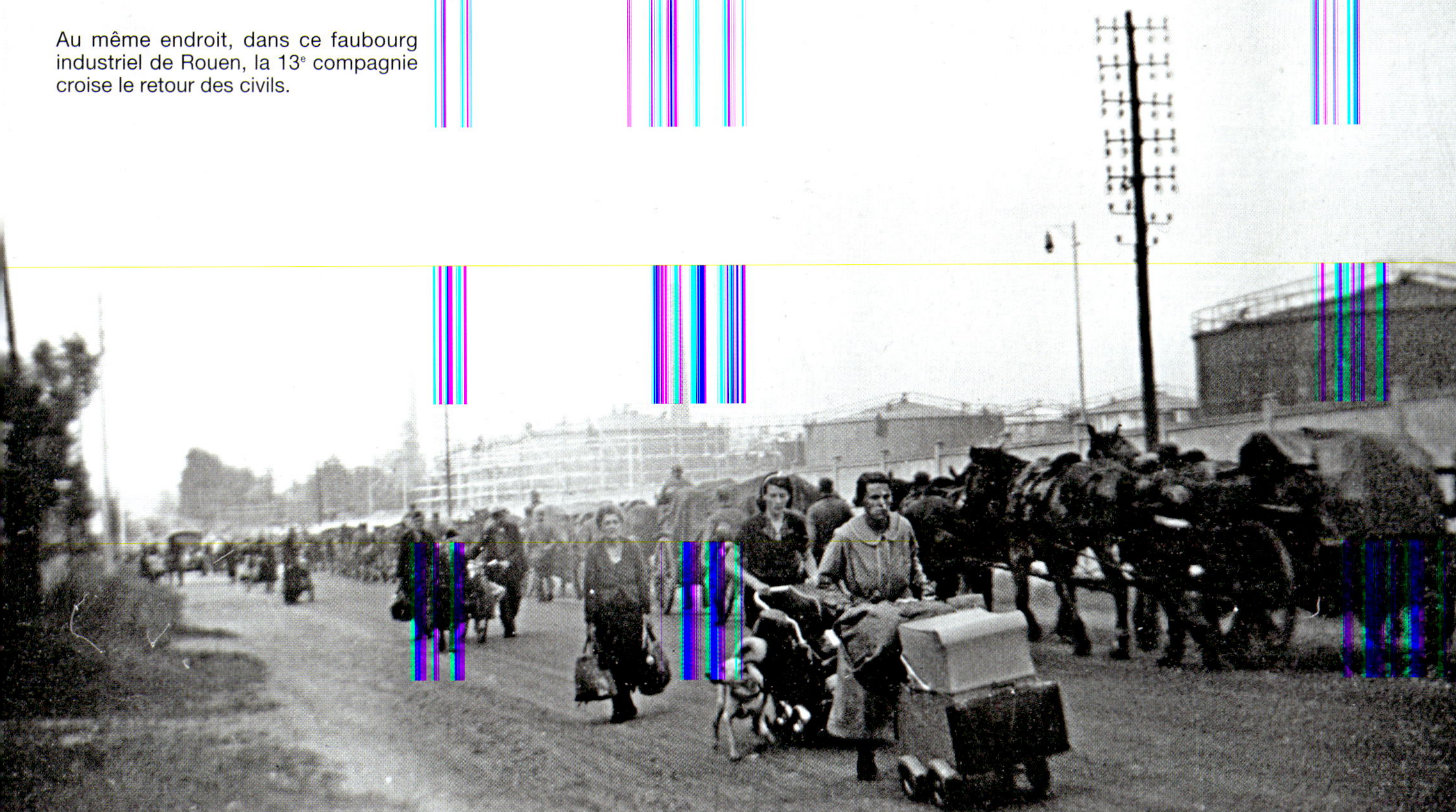

Et la marche se poursuit par la passerelle.

Sur la route principale menant à Elbeuf, nous quittons aussi Rouen, ce jour-là, pour prendre la direction du sud-ouest et passons la nuit dans un faubourg de cette ville où une unité anglaise avait ses quartiers permanents, quelques jours auparavant. Là aussi, une énorme quantité d'uniformes, souliers, guêtrons, gourdes sont entassés en plein air et, dans un plus vaste bâtiment, sont stockés des couvertures en laine, des chaussettes, des chemises et des sous-vêtements. (8) La soirée se passe aussi de manière très agréable, après avoir découvert un train de marchandises immobilisé sur une voie de garage, des « éclaireurs » de notre compagnie l'ont « soulagé » de cigarettes et de gâteaux.

La marche reprend le **22 juin**. Le spectacle de familles de réfugiés de retour, dispersées jusqu'à présent, devient de plus en plus une image de la « tragédie de la guerre », indescriptible. C'est un triste chapitre dans l'histoire de l'entrée en guerre anglo-française. (9) Ainsi, nous croisons des milliers de femmes, mères, enfants et vieillards, taraudés par la faim, la soif, le manque de sommeil, la peur et la détresse. Ils utilisent toutes sortes de véhicules, jusqu'à la poussette à enfants, sur lesquels ils transportent de maigres biens.

Ce sont principalement des familles de travailleurs et de paysans qui se pressent pour rejoindre leurs foyers. Ils ont au cœur une haine profonde pour ceux qui les ont chassés de leurs maisons. (10) De vieux chevaux fatigués trottent en tirant des charrettes avec leurs deux grandes roues si typiques en France. Et, sur ces véhicules lourdement chargés, sont grimpés des vieillards et des enfants, représentant, les uns et les autres, le passé et l'avenir du peuple français. Silencieux et émus, (11) nous observons, sur ces routes, le symbole de la destruction et de la fuite de leurs armées. Les enfants pleurent pour avoir du pain et les cigarettes lancés par les soldats allemands (12) procurent du plaisir pour des hommes à moitié habillés à la hâte. Nous sommes bouleversés en voyant des femmes mariées sans bas, avec un chapeau de paille déchiré, avec un petit gilet sur les épaules, transformées en « bête de somme » pour tirer les véhicules, lourdes charges, sous un soleil de plomb. (13) Ou comment des vieilles femmes, de 70 ans et plus, sont poussées sur de vieilles brouettes et avec des vélos dont les cadres sont surchargés de matériel, au milieu desquels des enfants sont assoupis, taraudés par la fatigue et la faim !

Plus d'un cœur de soldat allemand est complètement retourné par ce spectacle et ne peut s'empêcher d'offrir du pain, du vin et... de caresser les courageux poneys français.

Sur ces routes de la défaite et de la détresse, marchent aussi, visages épanouis et en chantant, les soldats allemands de la Wehrmacht. Nous quittons maintenant la vallée de la Seine et traversons la ville d'**Elbeuf**, en nous dirigeant vers le sud-ouest vers des objectifs inconnus. Nous montons

(7) Ce qui est le cas car ceux-ci passent « tête (à) droite » devant le colonel.

(8) Tous ces équipements seront, naturellement, réutilisées par la Wehrmacht qui, il ne faut pas l'oublier, reste une armée «pauvre» !

(9) Notons que l'auteur insiste, ici et là, sur la responsabilité anglaise dans le « malheur de la France », cela annonce la conclusion se trouvant à la fin de son récit.

(10) L'auteur ne précise pas qui : les autorités françaises, une psychose incontrôlée ou les bombes allemandes... Il penche probablement pour la première cause.

(11) Soulignons-le...

(12) Quatre ans plus tard, ce seront les cigarettes des GI's...

(13) Une réalité évidemment bouleversante.

Ci-dessous et ci-contre : les soldats allemands voient passer, avec compassion, ces civils dans les charrettes si caractéristiques, pour eux, des campagnes françaises – caractéristiques pour leurs plus grandes roues, ou les « courageux poneys ».

Les civils ont payé un lourd tribut à cette guerre.

nos tentes dans un verger près d'**Amfreville** et passons ainsi la nuit à l'air libre. Du foin fraîchement fauché répand déjà un doux parfum sur notre jardin. Le lendemain matin, nous attend une brutale surprise : l'officier de service fait fonction de « réveil-matin» et sort plus d'un grand dormeur de son sommeil planifié.

Le Neubourg et **Beaumont** seront les étapes de cette nouvelle journée **(23 juin)**. En dehors du retour des réfugiés, les traces de la guerre deviennent clairsemées. Nous croisons seulement, ici et là, des restes de batteries d'artillerie, avec leurs attelages, qui ont été surprises par nos Stukas ou nos panzers et qui ont été anéanties. Notre compagnie poursuit son chemin paisiblement, avec notre *Spiess* (adjudant de compagnie) sur son destrier, accompagné de son *Adjutant* !

Et, à la fin de la colonne, tout va bien... notre roulante de campagne ferme la marche. Qui ne pourrait pas avoir des mots de reconnaissance après avoir vécu les journées de combat près d'Abbeville et avoir reçu, au milieu des tirs d'artillerie, le soulagement octroyé par le ravitaillement livré ponctuellement aux sections.

Le flot des réfugiés est loin de se tarir. Nous piochons dans nos réserves de vin et de liqueur pour remettre à une jeune épouse, une bonne bouteille de vin. Quelle heureuse surprise lorsqu'elle nous répond en allemand avec l'accent souabe, avec cette expression : *« Wer niemals einen Rausch gehabt, der ist kein rechter Mann »* (14)... Une Alsacienne, de sa patrie éternelle, saluant ainsi les soldats de la Grande Allemagne. (15)

Partout, on évoque déjà la possibilité d'un armistice. Mais, pour l'instant, on ne peut obtenir d'informations précises. Lors de notre avance, nous apercevons sur le mur d'une maison, hâtivement écrit à la craie : *21 juin : armistice ! La guerre est finie.* (16)

Nous croisons une compagnie de transmissions qui nous annonce la nouvelle de la victoire. Mais, pour l'instant, nous restons méfiants et attendons, impatiemment, qu'arrive une déclaration «officielle». Entre **Beaumont** et **Ajou**, nous nous installons dans un grand domaine agricole pour passer la nuit. Un verre de bière est offert par la compagnie et nous permet d'envisager une bonne nuit de sommeil.

(14) « Celui qui n'a jamais été ivre, n'est pas un homme vrai ».

(15) L'Alsace fut en effet « Terre d'Empire » jusqu'au Traité de Westphalie, en 1648, lorsque la France catholique fut récompensée d'avoir soutenu les princes protestants contre l'Empire catholique, et obtint l'Alsace, qui resta germanophone au sein de la monarchie française jusqu'à ce que la Révolution impose le français mais l'Alsace réintégra l'Empire allemand en 1870, jusqu'en 1918. Mais le retour à la France, fait peu connu, se fit en partie dans la douleur. L'Alsace avait en effet une certaine autonomie au sein de l'empire et le retour à un centralisme jacobin strict fut mal vécu, d'autant plus que l'Alsace disposait de libertés locales - conservées en partie jusqu'à aujourd'hui, une « singularité française » - et un fort courant autonomiste et séparatiste se développa en Alsace entre les deux guerres, au point qu'après la déclaration de guerre, le docteur Karl Roos, chef autonomiste alsacien fut fusillé sur ordre de la République. En 1940, un certain nombre d'Alsaciens va se rallier à l'Allemagne - anecdote plausible.

(16) Ecrit en « français » : « La guerre est finish ! »

Mais si les véhicules civils sont encore largement tractés par les chevaux, c'est aussi le cas, pour une grande partie de l'armée allemande, dont cette 57ᵉ division bavaroise. Nous voyons ici le *Spiess* (adjudant de compagnie), le *Hauptfeldwebel* Förster, de cette 13ᵉ compagnie, reconnaissable aux liserets sur la manche, et son *Adjutant*, à droite, sur leurs chevaux, suivis par deux cyclistes...

Peu avant le départ, dans la matinée du **24 juin**, les sections sont rassemblées par leurs chefs de section et on leur apprend une nouvelle surprenante : la compagnie modifie sa direction de marche en cours, pour l'orienter vers le nord-ouest, elle a pour mission de capturer des éléments isolés de l'armée française.

C'est la fin du rêve que nous avions de visiter la Tour Eiffel à Paris. Notre nouvelle route nous mène par **Beaumesnil** et **Bernay**, toujours plus vers l'ouest ! Par un journal officiel destiné aux troupes du front, nous apprenons la conclusion de l'armistice entre l'Allemagne et la France. L'ambiance, parmi les soldats, est à l'aune de la dimension de cet événement historique. Tous se réjouissent, d'avoir apporté leur participation à cette victoire exceptionnelle dans l'histoire allemande. Naturellement, on discute, avec animation, de la poursuite de la guerre avec l'Angleterre et on évoque toutes les éventualités. A **Thibouville**, qui n'a pas été impactée par la guerre, règne encore la vie quotidienne habituelle du temps de paix et des hommes, portant un brassard blanc, règlent la circulation. Sur les panneaux publicitaires s'offrent aux regards des civils des affiches, avec des lettres rouges, le coup du destin ayant frappé la France et appelant au calme et à l'ordre. Par une route asphaltée toute droite, nous atteignons **Lisieux**, après avoir passé la nuit dans une petite localité près de **Thiberville**. Les commerçants sont sur le pas de la porte de leurs boutiques et regardent passer, avec admiration, notre compagnie en train d'avancer. (17) On peut lire sur leurs visages que

« Notre roulante de campagne » - celle-ci est aussi hippomobile.

l'apparence des troupes allemandes leur était jusqu'à présent, dans le nord de la France, exclue, et que le malheur s'étant abattu sur la France restait inconcevable.

Nous rencontrons, en nombre toujours plus croissant, les réfugiés ayant dû avancer, le plus loin à l'ouest, pour revenir maintenant, aussi vite qu'ils s'étaient enfuis. La plupart du temps, ce ne sont pas les plus pauvres habitants de ce pays et, sur leurs véhicules, et à l'intérieur, ils ont amassé leurs biens les plus précieux : matelas, voitures d'enfants, du vin, et des bidons d'essence, des couettes, etc. Ainsi, les voitures des réfugiés, avec parfois, à l'arrière, un pneu ou un vélo, et du linge sur le toit, des véhicules, souvent hors d'âge, rejoignant les foyers qu'ils ont abandonnés quatre semaines auparavant. Serrés, jusqu'à six ou huit à l'intérieur, ils sont heureux de chaque kilomètre les rapprochant de leur maison. Après les longues journées de ce voyage épuisant, où ils ont pu frôler la grande détresse de la guerre, les réfugiés vont rentrer chez eux. Peut-être vont-ils retrouver leurs foyers comme ils les ont laissés. Mais, souvent, ces réfugiés vont subir une grande détresse, la plus profonde déception au tournant de la rue de leur ville, car, là où ils ont vécu pendant des décennies, leur maison a peut-être été détruite, incendiée… réduite à un tas de décombres.

Eparpillées dans plusieurs domaines, les sections passent la nuit du **25 au 26 juin**. Assez tard, nous nous installons dans nos quartiers, nous tournons le commutateur électrique et un poste radio, resté branché, nous offre des informations allemandes et de la musique allemande. La cuisine va être utilisée jusque tard dans la nuit et un merveilleux cidre (18) étanche notre soif !

Le **26 juin** doit être le dernier jour de marche. Le long d'une des routes principales de notre itinéraire, sur une voie ferrée, des wagons-citernes pour le carburant ont été détruits par nos Stukas. Sur la route, des voitures détruites avaient été utilisées comme barrages routiers. Des cheminées fumantes apparaissent à l'horizon. Nous nous trouvons aux portes de la ville de **Caen**.

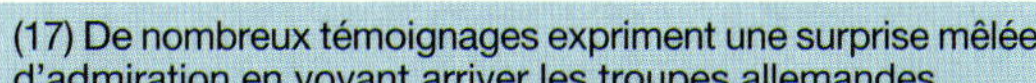

(17) De nombreux témoignages expriment une surprise mêlée d'admiration en voyant arriver les troupes allemandes.

(18) Ecrit « *Sider* », le nom allemand de ce breuvage étant *Apfelwein* (« vin de pomme »).

8 PÉRIODE D'OCCUPATION ET DÉFENSE CÔTIÈRE

« Le Kommandeur de notre régiment en visite » - auprès du quartier installé au château de Giberville.

L'armistice a été signé entre l'Allemagne et la France. Ce pays qui s'est sottement [sic] associé à l'Angleterre (1) et avait déclaré la guerre le 3 septembre 1939, se trouve abattu au sol après six semaines de combats. Le monde est vraiment étonné par la victoire allemande qui lui semblait impensable et le pays natal [allemand] remercie de tout cœur ses fils courageux ! (2)

Pour nous, les journées de combat sont derrière nous (3) et le terme de notre marche est arrivé. Nous allons être troupe d'occupation dans la région de la ville de Caen, à **Giberville**, à environ cinq kilomètres de la ville. Le *Kompanietrupp*, la première section et le train *(Tross)* s'installent dans un merveilleux château, entouré par un très beau jardin avec des parterres de fleurs. La 2e section a ses quartiers dans l'école du village, récemment construite, et la 3e section occupe un grenier à foin et des écuries, le long de la route principale du village, tandis que la 4e section se permet d'avoir choisi une partie des bâtiments possédés par le maire.

Si nous avions pensé, auparavant, que le temps à venir serait une période de repos, nous nous serions fondamentalement trompés. Dès la première journée, c'est un « grand appel de vérification des véhicules ». En dehors des pièces d'artillerie et de leurs attelages tout est vérifié, tout ce qui a été utilisé les jours passés. Qu'est ce qui n'a pas été contrôlé ! Même les bas féminins n'ont pas échappé à la vérification ! Un magasin d'articles féminins, se trouvant à proximité, reçoit tous ces objets précieux... ainsi procède le soldat allemand après la victoire... !

Avec le début du service quotidien de garnison, le *Spiess* - l'adjudant de compagnie - entre en scène. Dans les jours et les semaines qui vont suivre, les appels de revues de détails (4) seront sans fin et plus d'un repensera avec nostalgie aux semaines de la marche rythmée par les assauts.

Le **28 juin**, une partie de la compagnie se rend déjà à Caen. Dans la cour d'un grand bâtiment, (5) où notre régiment est hébergé, nous prenons part à un service religieux. Les compagnies sont disposées en carré. Nous apercevons, au centre un certain nombre d'officiers, entourant le Kommandeur du régiment, le colonel Deboi. Devant les marches de l'entrée principales, sont installées deux pièces antichars, avec un autel sommaire au centre, décoré avec des mûriers, de part et d'autre, et par la *Reichskriegsflagge* (6). Cette heure de cérémonie commence par un chant : *«Nous arrivons pour prier»...* La musique du régiment accompagne le chant des soldats. Puis l'aumônier militaire parle, il rappelle le serment fait au drapeau, il nous remet en mémoire les journées de combat d'Abbeville et nous exprime d'une voix forte : *« Nous sommes devenus d'autres hommes… ! »* Puis il rend hommage au sacrifice de nos héros tombés pour le Führer et le peuple ; il pense aux blessés qui sont encore à l'hôpital et, dans les derniers mots de son homélie, il nous exhorte à penser à notre propre salut et à remercier le seigneur, avec humilité, pour la victoire. La plupart vont repenser aux heures d'Abbeville, sentant un vide à son côté, son meilleur camarade fauché par la mort du héros et, étreint par l'émotion, il remercie la Providence qui lui permet de revenir sain et sauf auprès de ses parents, de sa femme et de ses enfants, Massif, l'édifice [le bâtiment abbatial, mairie actuelle] renvoie en écho le chant d'actions de grâce : *« Grand Dieu, nous te louons… »* (7)

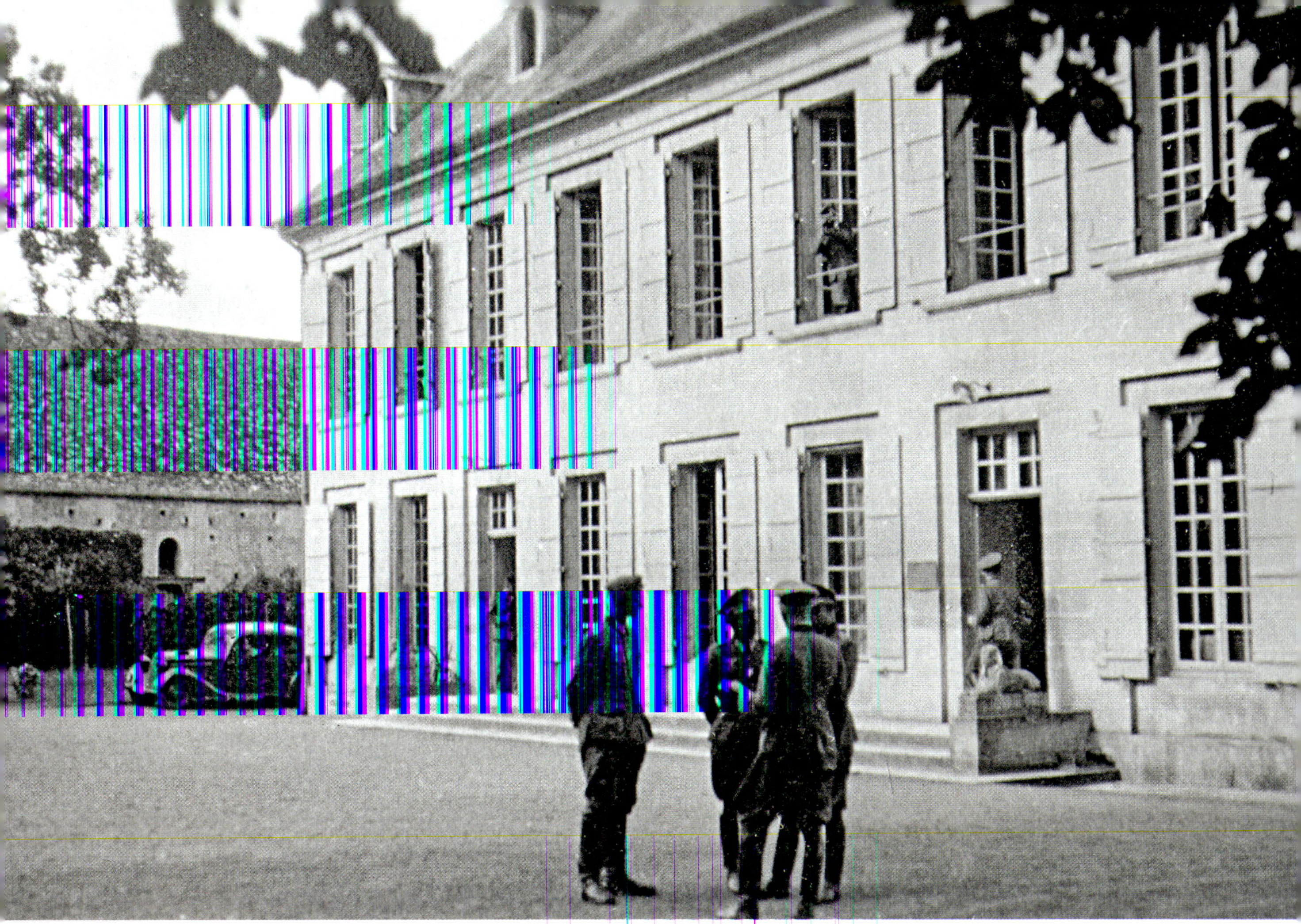

Le **30 juin**, un dimanche, nous nous rendons, la première fois depuis le 12 mai, seuls en quartier

Ci-dessus : l'état-major de la 13e compagnie, la 1re section et son train de combat ont pris leurs quartiers au château de Giberville, à environ 5 kilomètres au sud-est de Caen.

Ci-dessous : le sévère adjudant de compagnie, le *Hauptfeldwebel* Föster, est à califourchon sur l'une des sphynges encadrant l'entrée du château de Giberville, pour discuter avec deux sous-officiers. Ce sphynx est visible sur la photo précédente. A droite, il pourrait s'agir de l'*Uffz.* Bär ; caporal, il est sergent au plus tard en août 1940, et ses pattes d'épaules semblent bien neuves...

(1) Ce n'est pas faux, l'Angleterre, qui avait déclaré la guerre, avait demandé à la France de tenir ses engagements.

(2) Ce regard « allemand » est intéressant, fier mais toutefois sans triomphalisme excessif et pompeux.

(3) Le narrateur est alors loin d'imaginer que « le chemin de croix » de la *57. Infanterie-Division* ne fait que commencer ; elle sera anéantie à l'Est, en août 1944 !...

(4) Contrôles des vêtements et du soin apporté à leur rangement, dans le jargon militaire - *Kleiderappell* en allemand.

(5) Les photos nous montrent qu'il s'agit de l'Abbaye aux Hommes, fondée par Guillaume le Conquérant, abritant maintenant la mairie de Caen.

(6) L'étendard de guerre du Reich.

(7) *« Grosser Gott, wir loben dich… »*

Le régiment est disposé en carré devant la façade principale de l'abbaye aux Hommes, à Caen, pour un service religieux.

Sur ce troisième cliché de la cérémonie religieuse, les hommes sont tête nue. On reconnaît à gauche la façade principale du palais abbatial - mairie de Caen, de nos jours - et le chevet de l'église abbatiale, fondée par Guillaume le Conquérant, dans le fond.

Un autel a été disposé devant l'entrée principale de l'ancien palais abbatial - actuelle mairie de Caen - pour le service religieux. On aperçoit les deux petits canons antichars et les faisceaux d'armes, de part et d'autre.

Ces soldats, originaires de Bavière, n'avaient jamais pu se baigner dans la mer et cette découverte est, pour eux, un vrai bonheur.

libre auprès de la population locale. Le soleil sourit dans un ciel bleu et on profite de ce temps merveilleux pour mieux connaître les environs. On teste le vin français et plus d'un affronte avec difficulté le mal du pays. Et la gente féminine tourne aussi dans les têtes. Mais les difficiles « relations de discussion » dans la langue française obligent très rapidement à renoncer à tout autre effort dans ce sens.

Malgré le service d'infanterie de période de paix, les appels de contrôle de chevaux, et d'autres tâches pas agréables, la vie en France est toutefois très variée. Outre la proximité de la ville de Caen, la compagnie nous offre diverses distractions, dans le service et en dehors du service. Ainsi, nous allons nous ébattre sur la plage, en bord de mer, au milieu des vagues, et nous nous laissons photographier avec des visages réjouis. Car qui sait quand nous reverrons la mer, après la guerre.

La fanfare du régiment vient aussi nous rendre visite dans le jardin du château et, pendant un concert se tenant au centre du village, vient se joindre à nous un certain nombre d'habitants qui ne s'étaient, jusqu'à présent, pas spécialement montrés amicaux.

C'est ainsi que, jour après jour et semaine après semaine, passent les heures agréables et celles qui le sont moins, sans événements particuliers et sans modification dans la vie militaire. Seulement ici ou là, de nuit, quelques avions anglais isolés nous larguent quelques bombes sans nous déranger dans notre sommeil. Car, sur nos nouveaux matelas, nous pouvons merveilleusement nous reposer ! Le service de garde est, naturellement, régulièrement effectué. Ainsi, certains jours, il n'y a pas moins de 24 sentinelles dans la cour du château, à disposition, et, en considérant ce nombre, on peut à peu près estimer combien de fois dans la semaine un homme a dû monter la garde. Nous voulons aussi volontiers nous souvenir des intéressants et enrichissants exposés que notre médecin tenait à l'ombre d'un arbre, sur un thème particulier : la fidélité, l'amour, les jeunes filles françaises, etc.

A la fin du mois de juillet, le bruit commence à circuler, au sein de la compagnie, que les permissions pour aller chez nous devraient bientôt commencer. Mais nous ne pourrons vraiment le réaliser avant que les premières permissions soient autorisées lors de l'appel des tableaux de service. Partout règne alors une joie immense et paraissent devant nos yeux les images de ce qui nous attend lors du retour à la *Heimat*.

Puis, en si peu de temps, nous parvient une seconde surprise : nous allons changer de garnison. Et les nombreuses questions surgissent quant à la direction que nous allons prendre. Après un jour de marche, nous « atterrissons » à proximité de la station balnéaire de **Trouville**, connue dans le monde entier, à environ 40 kilomètres au nord-est de Caen.

Mais déjà, au bout de deux semaines, la compagnie doit à nouveau « émigrer » et de manière éclatée. Les 3e et 4e sections rejoignent leur ancien quartier de Giberville, les 1re et 2e sections se placent en protection côtière de la Manche.

La guerre avec la France est terminée, le combat avec la Grande-Bretagne commence !

Concert de la fanfare du régiment dans le jardin du château de Giberville...

On aperçoit ici le nom de Colombelles sur une enseigne, localité jouxtant Giberville.

… mais aussi au centre de la localité auquel s'associe une partie des villageois, maintenant moins hostiles…

Monter la garde est une lourde astreinte pour les hommes de la compagnie - tandis qu'une poule continue son train-train dans une rue de Giberville.

Exposé du général Blümm, Kommandeur de la *57. Division*

Rapport de la 57. Div. 29 juin 1940, au PC de la Division, à Vimoutiers

La 57. Division pendant la campagne de France

A compter du **11 mai** 1940, la *57. Division* est amenée, depuis le secteur de Hanau, par transport ferroviaire dans la zone de débarquement de Remagen - Andernach - Ahrweiler. La marche en avant commence à partir de là, le 13 mai 40. Par des étapes quotidiennes de marche d'environ 45 kilomètres, la Division, par Ahrweiler, Hilsesheim et Prüm, a atteint la frontière luxembourgeoise le **17 mai**, à l'est de Clerf [Clervaux], la frontière luxembourgo-belge le **19 mai** et, par Bastogne et Graide, la frontière belgo-française, au nord de Charleville, le **21 mai**.

La marche en avant a été sérieusement rendue difficile, en raison de la forte chaleur, des fortes colonnes, de la défense [adverse] et des avions en rase-mottes et attaques de bombardiers. Même pendant la nuit, bombardements fréquents sur l'axe de marche et les bivouacs de la division. Il n'y eut pas alors de gros dégâts à déplorer. Faibles pertes. Sans un jour de repos, la marche se poursuivit par Monthermé (traversée de la Meuse), Maubert-Fontaine, Aubenton, Laigny, Osifay (traversée de l'Oise), Péronne, Longueville et Abbeville. Malgré des signes d'épuisement, les pertes en hommes et en chevaux furent faibles.

Dans la nuit du **26 au 27 mai**, 7 bataillons de la division sont embarqués dans des colonnes [de transport] vides du *XIV. AK* et, amenés vers le nord-ouest dans le secteur de débarquement de Villencourt *(IR 179)*, Buffes *(IR 217)* et Saint-Ouen *(IR 199)*. La Division relevait la *2. (motosierte) Division*. Le secteur s'étendait sur la Somme inférieure, depuis la Manche jusqu'à Amiens, exclu, et comprenait 2 têtes de pont, près de Saint-Valéry et Abbeville.

Dans la nuit du **27 au 28 mai**, le gros de la *2. motorisierte Division* fut relevé. Le 28 mai à 10 heures, la Division prit son secteur en charge. Elle avait pour mission de tenir les têtes de pont à tout prix, afin de les maintenir pour une progression allemande ultérieure, et de défendre ces têtes de pont jusqu'à la dernière extrémité. La destruction des ponts sur la Somme était strictement interdite.

Dès le **28 mai**, il s'est avéré que l'ennemi cherchait à réduire la tête de pont par tous les moyens et avec un engagement sans souci des pertes près d'Abbeville et à atteindre la position sur la Somme.

A 17 heures, de violents tirs de l'artillerie ennemie se sont abattus sur les positions alors encore à peine occupées et, à la suite, l'adversaire a lancé des attaques, l'une après l'autre, avec chars moyens et lourds (72 tonnes), par groupes de 15, 20 et même 50 tanks contre les positions dans la tête de pont. Tandis que les plus petits chars ont été détruits sans exception par la Pak, il s'est avéré que cette arme [le 3,7 cm] n'était pas suffisante contre les tanks lourds. Les colosses poursuivaient leur course malgré des coups au but repérés sur les fentes de visée et les chenilles, sans leur causer de dégâts. L'infanterie dut décrocher, la Pak [canons antichars] fut en partie détruite et écrasée. En dehors de l'artillerie de la Division, au début des combats, il n'y avait, en défense, dans le sec-

Le général Oskar Blümm, ici à gauche, Kommandeur de la *57.Infanterie-Division,* est un officier général de la vieille école. Surnommé *Papa Blümm* par ses hommes. Ceux-ci seront pris de panique devant Abbeville, et il les ramènera sur la ligne de front, face à l'attaque de la 4e DCR. Il évita ainsi un désastre pour sa division.

teur, large de 80 kilomètres, qu'une batterie de Flak. Pour donner une image de la violence des combats, il faut signaler que divers villages, par exemple Moyenville et Villers sur Mareuil, ont changé de mains par trois fois. L'ennemi a réussi à percer la ligne de front de la tête de pont en plusieurs endroits.

L'inefficacité de l'arme antichar ainsi que l'absence initiale des pilotes allemands a été pour l'infanterie une lourde épreuve sur le moral. Par l'engagement en tir direct d'obusiers et de pièces de Flak de 8,8 cm, il a été cependant possible de détruire des chars lourds ayant percé et, les jours suivants, de défendre, contre d'autres attaques, les positions qui avaient été reprises.

La Division a tenu la tête de pont, du 28 mai au 5 juin, au prix de très durs combats. Certains jours, l'ennemi attaquait, obstinément, par périodes d'une demie heure, jusqu'à 8 à 10 fois à la suite, avec des blindés accompagnés par l'infanterie et avec un soutien d'artillerie, pour tenter d'obtenir la percée. Les attaques furent sans exception repoussées.

Le feu de l'artillerie ennemie s'est abattu, pendant toute la période, avec une inhabituelle précision et fut très coûteux pour les positions de la Division. Comme cela fut établi par la suite, le feu fut dirigé en partie par des émetteurs clandestins depuis Abbeville et Saint-Valéry. Par contre, l'engagement de Stukas contre des positions de batteries et rassemblement de blindés a réduit à néant les intentions de l'ennemi. Au total, par son combat défensif, la Division, par sa Pak et son artillerie ainsi que par les unités de Flak rattachées, a réussi à détruire 135 blindés ennemis. L'ennemi a réussi à remorquer, durant la nuit, quelques blindés immobilisés. Lors de la poussée sur la Somme, on a pu encore recenser 107 blindés restés sur le terrain. La Division, de son côté, a perdu 36 pièces de Pak. Elle a combattu contre des éléments de la 51e Division anglaise, de la 1re Division blindée anglaise, de la 5e Division coloniale française, de la 31e Division de montagne française, de la 40e Division française et contre les 6e et 46e Bataillons de chars français, ainsi que contre la 41e Division blindée franco-marocaine [sic !].

Pour avoir rempli sa difficile mission de défense à Abbeville, la Division a reçu la reconnaissance de la *4.Armee*, et le *Generalkommando* du *II. Armee-Korps* exprime aussi sa reconnaissance pour le travail accompli par la Division.

Le **5 juin**, après un très puissant soutien en artillerie, la Division passa à l'attaque. Après un combat acharné, elle atteignit la lisière méridionale de la ligne de hauteurs à l'ouest et au sud de Saint-Maxent-en-Vimeu - Fresne-Tillelay. L'ennemi, des chasseurs alpins français et des éléments d'une division anglaise, soutenu par de violents tirs d'artillerie, se défendait très opiniâtrement, particulièrement dans les localités. Comme notre propre artillerie n'était pas suffisante pour combattre l'artillerie ennemie, des Stukas furent à nouveau engagés sur des cibles dans la région de Huppy, réduisant rapidement au silence les batteries ennemies. L'ennemi tenta aussi de contenir la contre-attaque avec des forces blindées qui furent écrasées. Le jour suivant, les localités, qui avaient été occupées par l'ennemi furent nettoyées et l'ennemi repoussé vers le sud. L'intention des Français - tenir à tout prix le secteur de la Somme - fut ainsi mise en échec. Dès le **9 juin**, il n'y avait plus que de faibles arrière-gardes devant la Division. La Bresle et la Béthune purent être traversées après de courts combats. Le **10 juin**, et les jours suivants, la marche en avant de la Division eut lieu sans contact avec l'ennemi. La division se dirigea en direction du Havre et, le **14 juin**, fut mise en place pour assurer la sécurité et la surveillance du secteur côtier allant de Dieppe à Harfleur. Le Kommandeur de la Division fut nommé Gouverneur militaire du Havre. Armes et matériel, et surtout véhicules à moteur, purent équiper la Division en raison de très grosses prises, tandis que les pertes en hommes purent être compensées par l'arrivée d'un bataillon de marche.

Depuis son secteur de débarquement jusqu'à la Manche, la Division a accompli une marche de 995 kilomètres.

Pertes	**Tués**	**Blessés**	**Disparus**
Officiers	15	33	3
Hommes	437	1 363	279
Total	452	1 396	282

Pertes totales de la division : 51 officiers, 2 079 sous-officiers et hommes du rang.

Prises et prisonniers : capturés : 44 officiers, 1 606 hommes ; butin : **1** *Véhicules à moteur* : 39 motos; 196 voitures et camions ; véhicules particuliers : 1 tireur de selles, 4 tracteurs tout terrains, 15 blindés. **2** *Armes et matériel* : 135 fusils, 134 mitrailleuses, 5 mortiers, 15 pièces antichars, 12 lance-mines, 12 obusiers. **3** *Munitions* : 120 tonnes de munitions pour armes à feu et mitrailleuses, obus de chars, 1 500 tonnes d'obus, 1 500 grenades.

Après que la situation au Havre et dans le secteur côtier de Dieppe à Harfleur ait été mise en ordre, le butin rassemblé, la Division fut retirée de ce secteur côtier pour être retirée sur la Seine, en tant que réserve de la *4. Armee*.

La relève dans le secteur côtier fut effectuée par la *227. Division,* les **17 et 18 juin** 40. Des éléments de la *57. Division*, se trouvant encore dans ce secteur, furent enlevés par camions. Comme le pont du Génie à Rouen était encore en chantier, les premiers éléments ne purent traverser la Seine que le **19 juin** en soirée. Le gros suivit le **20 juin**, sans incidents.

La marche en avant se poursuivit les **21 et 22 juin** et, avec un groupement régimentaire, la Division atteignit La Barre, Sainte-Marguerite avec le second et Amfreville avec le troisième [IR199 - «List»].

Après la poursuite de la marche en avant, la Division se répartit, les **24 et 25 juin**, depuis l'estuaire de l'Orne et sur la rivière Odon, avec la mission de capturer, les membres des unités de l'armée française battus. Là, le **25 juin**, la Division vécut la cessation des hostilités et la mise en application de l'armistice avec la France.

Du Havre jusqu'à l'Orne, la Division a encore effectué une marche de 242 kilomètres si bien que la marche totale, accomplie sur le théâtre d'opérations à l'Ouest, est grimpée à 1 196 kilomètres.

Signé : Blümm

LE GENERALLEUTNANT OSKAR BLÜMM

Oskar Blümm est né le 26 juin 1884 à Zwiesel près de Regen, en Basse-Bavière. En tant que *Fahnenjunker-Gefreiter*, il entre, le 22 septembre 1905 dans l'armée royale bavaroise. Il est incorporé au *21. Königlich bayerisches Infanterie-Regiment «Grossherzog Franz IV. von Mecklenburg-Schwerin »*. Il est promu *Fähnrich* (aspirant) le 30 avril 1906 et, le 11 septembre, il reçoit sa mutation pour le *5. bayerische Infanterie-Regiment*, puis est promu *Leutnant* (sous-lieutenant) le 8 mars 1907. Le 3 août 1914, toujours avec ce grade, il est *Adjutant* auprès du Ier Bataillon du *4. bayerischen Reserve-Infanterie-Regiment* et est promu *Oberleutnant*, dès le 18 août. Sa promotion en tant que *Hauptmann* (capitaine) a lieu le 27 septembre 1916 et, en octobre, il effectue un commandement au sein de l'*Armeekommando Süd*. Le 31 juillet 1917, il est *Adjutant* suppléant auprès de la *3. bayerische Infanterie-Brigade*, puis *Adjutant* de la 22e Brigade le 31 décembre. En février 1918, il suit les cours d'instruction à l'école des transmissions de Bucarest. En raison d'une grave maladie, il est hospitalisé le 16 novembre 1918. Lors de la Première Guerre mondiale, il a été décoré des deux Croix de fer, et d'autres décorations : *Bayerisches Militär-Verdienst-Orden IV. Klasse mit Schwertern, Bayerische Prinz-Regent-Luitpold Jubiläums-Medaille, Hessische Tapferkeitsmedaille* (le 3 octobre 1914).

A l'issue de sa convalescence, le 19 février 1919, il rejoint le *5. bayerischen Infanterie-Regiment*. Mais la Révolution et la République des conseils renversent le pouvoir en place, qui doit s'appuyer sur des unités de volontaires et des corps francs. C'est ainsi que le capitaine Blümm s'engage alors comme commandant de compagnie dans le *Freiwilligen-Bataillon Thelemann*, le 6 mars, puis devient commandant de compagnie dans le *Freikorps Bamberg*. Avec l'aide des corps francs, la République rétablit l'ordre et Oskar Blümm est réintégré dans le *Reichsheer* en tant que *Hauptmann* - son grade le plus élevé, obtenu dès le 18 août 1915. Il prend alors le commandement d'une compagnie du *Reichswehr-Infanterie-Regiment 46* et, du 11 mai au 13 juillet 1920, il effectue un stage auprès de la *Lehr-Brigade Döberitz*. Mais lorsque la jeune Reichswehr doit réduire ses effectifs à 100 000 hommes, et est restructurée, des régiments sont dissous, et il rejoint le *21. (Bayer.) Infanterie-Regiment*, en tant que commandant de compagnie. En septembre et octobre 1924, il effectue une formation sur mitrailleuses *(MG-Lehrgang)* sur le terrain de manœuvres de Grafenwöhr. Le 1er février 1926, il est affecté au IIIe Bataillon du *21. IR*, en tant que capitaine auprès de l'état-major *(Hauptmann beim Stab)*, à Bayreuth, dans le nord de la Bavière, sa région natale. Puis, le 1er octobre 1927, il est muté à Berlin, au ministère de la Reichswehr ; il s'y investira, pendant six ans, à la section d'organisation de l'Armée de Terre *(Heeres-Organisations-Abteilung-T2)*. Durant cette période, il est promu *Major*, le 1er avril 1928, puis *Oberleutnant* (lieutenant-colonel), le 1er février 1933. Le 1er novembre, il prend le commandement du IIIe Bataillon du *21. IR* à Bayreuth, retrouvant ainsi son ancien régiment. Et, lors de l'accroissement

Sur cette photo prise avant guerre, Oskar Blümm, qui n'est encore que colonel, porte les décorations obtenues lors de la Grande Guerre. (Wikimedia.)

des effectifs de la Reichswehr, il prend le commandement de l'*Infanterie-Regiment Bayreuth*, le 1er octobre 1934 ; il y est promu colonel le 15 octobre 1935 et prend alors le commandement de l'*Infanterie-Regiment 42* (1) à Bayreuth puis est nommé à la région militaire de Munich, en tant qu'*Infanterie-Kommandeur 7*, puis à Landshut.

Et, lors de la mobilisation, à l'été de 1939, on lui confie le commandement d'une division de la 2e vague, la *57. Infanterie-Division*, avec laquelle il participe à la Campagne de Pologne. Les deux barrettes aux deux Croix de fer lui sont alors attribuées et, le 20 avril 1940, il est promu *Generalleutnant*, promotion enregistrée à compter du 1er avril. Puis sa division est envoyée en renfort, à partir du 18 mai, pour participer à la Campagne de France. Ses hommes l'appellent alors affectueusement *Papa Blümm*. Lors de la Bataille d'Abbeville, il s'implique personnellement, avec le général von Manstein, pour endiguer le mouvement de panique de ses fantassins, terrorisés par les chars lourds français et réussit alors un remarquable redressement de la ligne de front, prête à s'effondrer. Puis, au début de l'été 1941, il dirige sa division lors des combats à l'Est, dans le secteur Sud, en Ukraine, jusqu'à Poltawa et Charkow - voir la notice sur la *57.ID*. Dès le 22 septembre 1941, il reçoit les compliments *(Anerkennungs-Urkunde)* du commandement de l'Armée de Terre et la Croix de chevalier lui est attribuée le 23 septembre. Puis ce sont les durs combats défensifs de l'hiver, dans

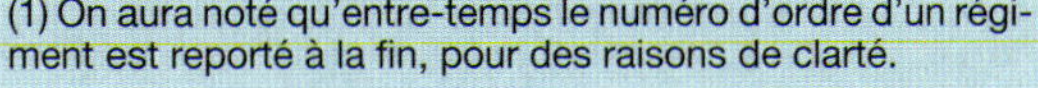

(1) On aura noté qu'entre-temps le numéro d'ordre d'un régiment est reporté à la fin, pour des raisons de clarté.

le secteur de Voronej. Et le général Blümm est retiré du front le 12 janvier 1942, remplacé par le *Generalmajor* Dostler, et est placé dans la *Führer-Reserve*. Mais il reprend son commandement au début du mois d'avril 1942 puis retourne dans la réserve le 10 octobre. Cependant, le 1er novembre, on lui confie le commandement de la *Division Nr.407*.

En 1944, Oskar Blümm se trouve par hasard à Ursberg, dans le Bade-Würtemberg, où sa femme vient de périr sous les bombes, localité où se trouvent aussi des centaines d'handicapés. Les SS veulent alors occuper cette localité mais Blümm, représentant les instances de la Wehrmacht, prend la localité sous son autorité et empêche l'évacuation de la population civile. Malade, le 1er avril 1945, il est retiré du service. Le 26 avril 1945, il est fait prisonnier et sera libéré en 1947. Il décédera à Ursberg, dans cette localité souabe, le 12 décembre 1951. A partir de 1939, outre ses décorations obtenues avant 1918, et l'Ehrenkreuz für *Frontkämpfer* (le 15 février 1935), la *Dienstauszeichnung I. Klasse* (le 2 octobre 1936), il aura obtenu : la *Sudetenland-Medaille* (1939), la *Memelland-Medaille* (1939), les barrettes des deux Croix de fer (1939), l'*Anerkennungs-Urkunde des OB des Heeres* (22 septembre 1941), le *Ritterkreuz* (23.11.41) et l'insigne des blessés en noir. Après guerre, un hommage lui sera rendu, par Theodor Waigel, au Bundestag, pour son action à Ursel.

Bibliographie :

- Lexikon der Wehrmacht.
- Schmitz-Thies, *Die Truppen-Kennzeichen*, vol. 1, Biblio-Verlag, 1987.

LA 57. INFANTERIE-DIVISION

Jusqu'à la déclaration de guerre, l'Armée de Terre allemande, le *Heer*, disposait de **39** divisions d'infanterie d'active, ainsi que de deux Kommandanturs frontalières (Küstrien et Trèves). Ce sont des unités de la 1re vague *(1. « Welle »)*. A la déclaration de guerre, les divisions de la 2e vague *(2. « Welle »)* sont mises sur pied. Les **16** divisions d'infanterie de cette seconde vague étaient prévues, jusqu'en mars 1939, en tant que divisions de réserve. Les mesures de mobilisation sont activées à partir du **1er mars 1939**, en coopération avec les divisions d'active, qui vont fournir des états-majors et des noyaux d'unités. Ainsi, ces nouvelles divisions seront constituées avec 6% de personnel d'active, 83% de réservistes de Ier échelon, et 3% de membres de la Landwehr de Ier échelon. Le personnel d'active a déjà servi dans les unités de temps de paix. Les membres de la *Reserve I*, sont nés entre 1914 et 1917 et ont déjà servi dans les unités d'active et proviennent aussi des volontaires de la réserve nés entre 1911 et 1921. Ceux de la *Reserve II* font partie des classes des « années blanches » *(Weissen Jahrgänge)* qui n'ont pas fait leur service militaire, nés entre 1900 et 1913, mais ont toutefois bénéficié d'une courte instruction. Quant aux soldats de la *Landwehr I*, il s'agit de vétérans ayant déjà servi durant la Première Guerre mondiale ou qui ont été soldats avant ce conflit. (1)

Ainsi, l'*Infanterie-Kommandeur 7*, à Landshut, le colonel Oskar Blümm, reçoit la responsabilité, le **26 août 1939**, de mettre sur pied la *57.Infanterie-Division* stationnant en Bavière. C'est ainsi que sont constitués trois régiments d'infanterie *(IR)* complétés par des réservistes et le régiment d'artillerie *(AR)* avec des groupes autonomes. Ce seront l'*IR 179* à Munich, l'*IR 199* à Freising et l'*IR 217* à Eichstätt. L'*Artillerie-Regiment 157* est constitué à Munich, avec quatre groupes. Les unités divisionnaires portent le numéro 157 et sont en garnison dans le secteur de Munich. Quant à l'*Infanterie-Regiment 199*, il prend, le 21 septembre 1939, le nom de « List », comme nom de tradition évoquant l'ancien *königlich-bayerischen Reserve Infanterie-Regiment 16*, dans lequel Hitler avait servi - nous en reparlerons plus loin. L'**emblème** de la division évoquera, tout simplement, les armes de la Bavière.

Au début de la **campagne de Pologne**, le 1er septembre 1939, la *57.ID* se trouve, tout d'abord, en réserve de l'OKH puis rejoint la *Heeresgruppe Süd*. Elle marche, depuis l'est de la Slovaquie, par le col de Lupkow et de Dukla, où elle combat, jusqu'au franchissement du San près de Sanok, attaquant en direction de Lemberg. Les derniers combats ont lieu près de Sambor, Rudki et Grodek, occupation des champs de pétrole de Drohobycz et Bohislaw.

Dès le mois d'octobre 1939, la *57.ID* est placée en réserve de l'OKH, dans la région de **Hanau** où sa formation est achevée, elle perd son *II./IR 217*, cédé à la *297.ID*.

Puis la *57.ID* est engagée comme unité de réserve, en renfort, dans la Campagne de France. Outre le témoignage d'O. Bär, on se reportera au rapport du général Blümm, ci-avant. Rappelons seulement que cette division bavaroise est partie, près de dix jours après le début de l'offensive à l'ouest, depuis la région de Hanau dans la vallée du Rhin, traversant, à pied, la pointe nord du Luxembourg, le sud de la Belgique, jusqu'à Saint-Quentin, dans le nord de la France. De là, elle rejoint le secteur d'Abbeville où certains de ses éléments sont engagés dès le 28 mai, pliant sous l'assaut des blindés du colonel de Gaulle, avec un mouvement de panique vite circonscrit, et une remise en ligne stabilisée par l'arrivée de renforts, dont le *Regiment List* - on se reportera au grand encadré sur la bataille d'Abbeville. Après ce succès défensif à Abbeville, elle poursuit sa route par la Haute Normandie, dans le cadre du *II.AK*, jusque dans le secteur de Caen. Mais, elle ne sera pas engagée contre l'Angleterre, ainsi qu'O. Bär le supposait...

Au mois de mai 1941, la *57.ID* est transférée, en mai 1941, dans le secteur de Zumosz, en Pologne, dans le cadre du regroupement pour l'opération **Barbarossa**. Le 22 juin 1941, lorsque celle-ci est lancée, elle est sous les ordres de la *6.Armee*, dans le cadre de la *Heeresppe Süd*. Elle avance alors depuis le secteur de Sokol, traversant le Bug, près de Lesziew, en combattant par Torki, Stojanow et Wolica, dans le secteur de Brody, en Ukraine. Elle perce la Ligne Staline, près de Dimitrowka. Avançant par Berditschew et Tetylow, elle participe à la grande bataille d'encerclement d'Uman. Placée ensuite à la disposition de la *17.Armee*, jusqu'au Dniepr, par Kalinowka et Zywotow, toujours à pied ! Ce sont ensuite des combats près de Tscherkassy, Korsun et Poltawa. Puis, en octobre 1941, elle est engagée dans la prise de Charkow. Viennent ensuite les terribles combats défensifs de l'**hiver 1941-42**. Les soldats bavarois de la *57.ID* tiennent Belgorod et Charkow.

Le début de l'année 1942 la trouve dans des positions sur le Donez et dans le bassin du Donez, au sud de Belgorod. De là, elle participe à l'offensive d'été sur le Don et atteint, en **août 1942**, Voronej ; elle y restera en défensive, puis dans de durs combats pour tenir la tête de pont jusqu'en **février 1943**.

Suite à la bataille de Stalingrad, elle participe au repli de l'aile sud de l'armée allemande et subit de lourdes pertes, par Turowo, Obojan et Sula. Combats défensifs près d'Alexandrowka et Budakowa. Ce sont de durs combats entre le Don et l'Oskol, puis le front se raidit entre Belgorod et Obojan, la *57.ID* se trouve alors souvent éclatée en *Kampfgruppen* détachées auprès de diverses autres unités. A partir d'**octobre 1943**, commencent les combats de repli sur le Dniepr ; de lourdes pertes ont lieu entre Kirowograd et Tscherkassy, de nombreuses unités y sont encerclées et les restes de la *57.ID* s'en extraient avec les autres unités encerclées en **février 1944**, par la percée sur le Gniloi Tikitsch le 16 février.

Fin février, les survivants de la *57.ID* sont rassemblés sur le terrain de manœuvres de Debica, dans le Gouvernement général de Pologne, pour une remise sur pieds de six à huit semaines : les trois régiments d'infanterie ne seront plus qu'à deux bataillons chacun, l'*AR 157* sera à nouveau à quatre groupes ! Et la Division repart sur le front dès le mois de **mai 1944**, prenant en charge, dans le cadre de la *H.Gr.Mitte*, un secteur près de Mogilew, sur le Dniepr - encore une fois - à l'est d'Orscha. Mais, comme beaucoup d'unités, elle subit *Bagration*, la grande offensive soviétique, lancée vers la fin juin 1944, ici contre la *4.Armee*. Sous la violence de l'assaut, sur la Bérézina - ô combien symbolique ! -, près de Beresino, au sud-est de Minsk, elle est encerclée et anéantie. C'est la fin de la *57.ID* - quatre ans après son arrivée dans le secteur de Caen, là où font alors rage d'autres combats !... Notre chroniqueur était en effet loin d'imaginer le destin particulièrement tragique de cette division bavaroise. Après le terrible hiver 1941-42 et la poche de Tscherkassy où elle faillit déjà être anéantie, son destin se termine ainsi dans la poche de Minsk, près de la Bérézina !...

Ses restes sont à nouveau rassemblés, sur ordre de l'OKH, transférés en Prusse Orientale et constitués là, le **3 août 1944** en *Divisionsgruppe 57* : des éléments du *GR 199 « List »* forment son Ier bataillon, des éléments du *I./GR 217* forment son IIe bataillon, mais cette petite unité est dissoute un mois plus tard et dispersée au sein de la *Korps-Abteilung G* et terminant la guerre en Prusse Orientale.

La *57.ID* a été successivement commandée par : le *Gen.Lt.* Oskar Blümm (1er septembre 1939 au 12 janvier 1942), le *Gen. d. Inf.* Anton Dostler (12 janvier 1942 au 10 avril 1942), de nouveau le *Gen. Lt.* Oskar Blümm (10 avril 1942 au 10 octobre 1942), le *Gen. d. Inf.* Friedrich Siebert (10 octobre 1942 au 20 février 1943), le *Gen. Lt.* Otto Fretter-Pico (20 février 1943 au 1er septembre 1943, le *Gen. Lt.* Vincenz Müller (1er septembre 1943 au 19 septembre 1943), le *Gen. Mj.* Adolf Trowitz (19 septembre 1943 au 7 juillet 1944 - alors capturé).

Ordre de bataille en 1939 :

- *Infanterie-Regiment 179*
- *Infanterie-Regiment 199 « List »*
- *Infanterie-Regiment 217*
- *Artillerie-Regiment 157* (à quatre *Abteilungen*)
- *Pionier-Bataillon 157* (Génie)
- *Panzerabwehr-Abteilung 157* (antichars)
- *Nachrichten-Abteilung 157* (transmissions)
- *Versorgungs-Einheiten 157* (train et services).

En 1942, l'*IR 179* a été remplacé par le *Grenadier-Regiment* et l'*IR 217* par le GR 219.

Bibliographie :

- Werner Haupt, *Die deutschen Infanterie-Divisionen*, vol. 2. Podzun-Pallas, 1992.

- G. Bernage, F. de Lannoy, *Les divisions allemandes de l'Armée de Terre*, Heimdal.

- Schmitz-Thies, *Die Truppen-Kennzeichen*, vol. 1, *Das Heer*, Biblio Verlag, 1987.

(1) On se reportera à W. Haupt, *Die deutschen Infanterie-Divisionen*, Band 2, Podzun-Pallas, 1992, pages 7 et 8.

Convoi hippomobile de l'*Infanterie-Regiment « List »* à l'entrée de Charkow en octobre 1941. (BA/Wikimedia.)

LA 13e COMPAGNIE (13./199)

Cette compagnie est placée sous le commandement de l'*Oberleutnant* **Weber**, disposant de son **Kompanietrupp** (équipe de commandement de compagnie) avec trois sergents - *Uffz.* (Fuchs, Seeberger, Ettenhuber), deux caporaux - *Gefr.* (Heiland, **Bär**) et treize hommes du rang. S'y ajoutent le train **(Tross)**, sous l'autorité de l'adjudant de compagnie *(Hauptfeldwebel* **Förster**) avec cinq sous-officiers - *Uffz.* (Stegmeier, Enzler, Reiter, Soderbauer et Engelmeier), trois caporaux et dix-sept hommes de troupe.

La 1re section **(1.Zug)** est placée sous le commandement du *Leutnant* Heuser. Son *Zugtrupp* (équipe de commandement) est dirigé par l'*Uffz.* Hein avec huit soldats (un sous-officier, deux caporaux, dont un télémétriste, un agent de liaison (le *Melder* Ostermeier) et trois téléphonistes. La 1re pièce *(1. Geschütz)* est dirigée par l'*Uffz.* Mederer, avec six hommes du rang. La 2e pièce *(2. Geschütz)* est dirigée par l'*Uffz.* Niederauer, avec sept hommes de troupe. Les conducteurs *(Fahrer)* sont huit hommes de troupe. Elle dispose aussi d'un armurier *(Waffenmeister)*, Thum.

La 2e section **(II. Zug)** est placée sous le commandement de l'*Oberfeldwebel* (adjudant) Ramsteck. Son *Zugtrupp* est dirigé par l'*Uffz.* Fleiner, avec un sous-officier, deux caporaux et quatre hommes de troupe. La *1re pièce* est servie par deux caporaux (Böschl et Gast) et cinq hommes de troupes *(Schützen)*. La *2e pièce)* est servie par trois caporaux (Schneider, Braunsperger et Schweigen) et trois hommes de troupe. Elle dispose d'un forgeron *(Schmied)*, Hofer, d'un armurier, le *Sch.* Beckert et de huit conducteurs.

La 3e section **(III. Zug)** est placée sous le commandement du *Feldwebel* (sergent-chef) Hermann Heimerl (qui sera tué le 4 juin devant Abbeville et

Page ci-contre : la seconde photo nous présente le **Tross**, cette fois à Giberville. Assis : l'*Uffz.* Stegmeier, de nouveau le lieutenant Weber, le *Hauptfeldwebel* **Förster** (responsable du train de combat et par ailleurs adjudant de compagnie), l'*Uffz.* Reiter. Au deuxième rang, tout d'abord un autre sous-officier, l'*Uffz.* Engler, Utz, Bauriedel, H. Maier, Schweinberger, l'*Uffz.* Engelmeier. Au second rang : Thaller, Schneider, Kitzelmann, Haslinger, Wallner, Fackler, Hoffmann. Rang supérieur : Wimmer, Marschall, Amberger, Strauss, Stelzer, Kraus, Schall.

Sur cette photo du **Kompanietrupp**, à Abbeville, de gauche à droite : Bär, Hager, Heiland, Niklas, Förtsch, Morgenroth, Strohschneider, Reinhardt, Liegl, Hackner, l'*Uffz.* Ettenhuber (sous-officier reconnaissable à son galon de col), Mevec, Bachmeier, Buchwieser - et assis : l'*Uffz.* Seeberger, l'*Oberltn.* Weber, l'*Uffz.* Fuchs.

Les hommes de la 13./199

Plusieurs clichés collés dans la chronique d'O. Bär nous présentent, dans les premières pages, les hommes de cette compagnie. La première photo, de plus médiocre qualité, nous montre l'effectif du *Kompanietrupp*. C'est sur ce cliché que nous avons pu repérer, en tout premier, presqu'absent derrière ses lunettes, le caporal Bär. Les trois autres sont pris, plus tard, à Giberville — la photo présentant la 1re section est malheureusement absente dans notre exemplaire, l'ex-propriétaire du livre en faisait peut-être partie et l'aurait peut-être retirée ? —, ces autres clichés sont de bien meilleure qualité, réalisés par O. Bär ? L'ouvrage présente aussi l'organigramme complet et précis de la *13./199* avant la bataille d'Abbeville, nous y trouvons d'ailleurs les noms du soldat Hartl et du sergent-chef Heimerl. Sur les légendes de ces photos, les effectifs ne correspondent pas totalement à cet organigramme. Toutefois en le rapprochant des photos, nous vous présentons les grades et positions de ces hommes. Avec les abréviations suivantes : - *Zt* : *Zugtrupp* ; *1 G* : membre de l'équipe de la 1re pièce ; *2 G* : membre de l'équipe de la 2e pièce ; *F1G* : chef de la 1re pièce ; *F2G* : chef de la 2e pièce ; *Fh (Fahrer)* : conducteur ; *W.m. (Waffenmeister)* : armurier ; *Sch. (Schmied)* : forgeron.

Ce portrait du commandant de compagnie, l'*Oberleutnant* Weber, est placé au début de la chronique.

Bottes avec éperons et selle de cavalerie allemande - marquage de 1940 - conservées en Normandie, selle, modèle 1925 et bottes trouvées à Orbec, et fontes (modèle 1934) retrouvées à Cherbourg. (Photos Damien Bouet, coll. privée et coll. Thibaut Grimaldi.)

La photo de la 1re section étant manquante, voici directement celle du **II. Zug** et tout d'abord, allongés : Braunsperger (2G) et Rausch (Zt). Puis assis de gauche à droite : Rusp (Fh), Bachmeier, l'*Uffz.* Fleiner (chef du *Zugtrupp*), le lieutenant Weber, l'*Oberfeldwebel* **Ramsteck** (chef de section), le *St. U. Uffz.* Hüttl (sous-officier suppléant, *Zugtrupp*), Schneider (2G), Schwaiger (2G), second rang : Stangelmeier (Fh), Pflanzl (2G), Thurner (Zt), Thaller (Zt), Johann Maier (Fh), J. Dörr (Zt), Rink (1G), Hölzl (1G), Müller (Zt), Behl, et de nouveau Förtsch (déjà présent, avant Abbeville, au *Kompanietrupp* sur la photo et l'organigramme). Troisième rang : Böschl (1G), Gebbardt Maier (Fh), Arneth, Wilhelm (1G), Rehberger (Fh), Hofer (Schm.), Eckstein (1G), Klein, Unterveitmeier (Fh). Rang supérieur : Schiedermeier (Zt), Gast (1G), Vogelmeier (Fh), Becker (Wm.), Josef Schmid (2G). Notons que le *Schütze* Hartl, tué à Abbeville, servait la 1re pièce.

remplacé par l'*Oberfeldwebel* Ortner). Son *Zugtrupp* est dirigé par l'*Uffz.* Peterbauer, avec sept caporaux et un *Schütze*. La 1re pièce est servie par l'*Uffz.* Rigl avec cinq caporaux. La *2e pièce* est servie par l'*Uffz.* Götzfried, avec quatre caporaux et cinq *Schützen*. Il y a aussi quatre conducteurs, un armurier (Weiss) et un forgeron (Gruber).

La 4e section **(IV. Zug)** est placée sous le commandement du *Leutnant* Geigl. Son *Zugtrupp* est dirigé par l'*Uffz.* Schramml, avec cinq caporaux (dont Kranavetvogel) et trois *Schützen*. La *1re pièce* est dirigée par l'*Uffz.* Kleinle, avec un caporal et cinq *Schützen*. La *2e pièce* est servie par quatre caporaux et cinq *Schützen* et dispose aussi d'un armurier (O. Wagner). Elle aligne huit *Fahrer*.

Cet état d'effectifs est celui qui a été enregistré à la veille de la bataille d'Abbeville, alignant trois officiers, quatre sous-officiers supérieurs et 174 sous-officiers *(Uffz.*, sergents) et hommes de troupe, soit un effectif total de 181 membres de la *13./199.*

Cinq d'entre eux ont été tués : le *Feldwebel* Hermann Heimerl (IIIe section) et l'*Oberschütze* M. Hartl (1re pièce de la IIe section), tous deux par éclats d'obus, le 4 juin, près d'Abbeville. Le *Schütze* Göger *(Zugtrupp, III. Zug)* a été tué par éclats d'obus le 7 juin près de Foucaucourt. Le *Schütze* Kirmeier a été gravement blessé près d'Abbeville, décède à l'hôpital. Le *Schütze* Nunner est mort accidenté près d'Abbeville.

Quant aux blessés :

- *I. Zug*, le 4 juin près d'Abbeville et par éclats d'obus : l'*Uffz.* Berchthold et le *Schütze* Josef Maier.

- *III. Zug*, près d'Abbeville, le 1er juin, le *Gefr.* Fink par balle de fusil et le *Gefr.* Haggenmüller par éclat d'obus. Toujours près d'Abbeville, mais le 4 juin, le *Gefr.* Wullinger, le *Gefr.* Daiberl et le *Gefr.* Glatz, par éclats d'obus, les *Sch.* Gessler et Übelacker par balles de mitrailleuse, soit sept blessés - plus les deux tués, pour cette section.

Le *IV. Zug* n'a déploré qu'un seul blessé, le 6 juin, près d'Huppy (au sud d'Abbeville, E. Bay, par balle de mitrailleuse).

Quant **aux disparus**, prisonniers le 4 juin, retournés ultérieurement à la compagnie, ils étaient six, le chef de section (Geigl) et cinq membres (sur neuf) du *Zugtrupp* : *Leutnant* M. Geigl et *Gefr.* Kranavetvogel (retournés le 14 juin), *Gefr* Haunberger et Köbrunner (retournés respectivement les 15 et 23 juin), le *Gefr.* Heuwieser et le *Schütze* Dachs, tous deux blessés (voir témoignage Geigl) et dans un hôpital allemand.

Le *7,5 cm Leichtes Infanterie-Geschütz 18*

La 13e compagnie est une unité d'appui de l'*Infanterie-Regiment 199 « List »*. Elle est équipée de pièces légères d'infanterie de 75 mm, *7,5 cm Leichtes Infanterie-Geschütz 18 (7,5 cm le IG 18*, en abrégé*)*, à raison de deux pièces pour chacune des quatre sections, soit huit *IG* pour la compagnie.

Le développement de cette pièce, conçue pour appuyer les régiments d'infanterie, a commencé en 1927 et elle entra en service en 1932. Elle sera produite en deux versions de base, l'une pour la traction hippomobile - c'est le cas ici avec des roues en bois à rayons (pièces pesant 405 kilos), et l'autre pour la traction motorisée avec des roues en métal avec pneumatiques (pièce pesant 570 kilos en action). Ce fut l'une des pièces les plus répandues dans la Wehrmacht.

Avec son canon court (long de 783 mm), elle portait à 3 550 mètres (4 600 mètres avec une charge augmentée) avec une cadence de tir de 8 à 12 coups à la minute, à 221 m/sec. Conçue par Rheinmetall-Borsig AG à Düsseldorf, elle a été produite par la Böhm. Waffenfabrik à Strakonitz et Habämfa à Ammendorf/Halle.

Sur la photo du **III. Zug**, au premier, assis de gauche à droite : Stark (Fh), l'*Uffz.* Rigl (F1G), l'*Uffz*, Peterbauer (Zt), notons qu'il porte, comme le lieutenant Weber, le ruban de la croix de fer de IIe classe, tous deux vétérans de la campagne de Pologne, le lieutenant Weber, le *Feldwebel* Koob (qui semble être le remplaçant du *Feldwebel* Heimerl, tué le 4 juin à Abbeville), l'*Uffz.* Götzfried (F2G), Lanzl (Zt), Stöckert (Zt). Au second rang : Gruber (Sch.), Schwarz (Zt), Hofbauer, Haunrieder (à Abbeville, il était à la 2e pièce du *IV. Zug*), Marx (2G), Stanner, Erdenreich (2G), Heckner, Weiss (Wm.), Ederer. Troisième rang : M. Müller (Zt), Reinhardt, Kaul, Eberle (à Abbeville, il était *Fahrer*, conducteur, au *IV. Zug*), Knitter, Zeilmeier, Beierbacher, Klessinger (au *Zugtrupp* du *I.Zug*, avant Abbeville). Rang supérieur : Lehner (Fh), Leib (Fh), Henle (2G), Raab (2G), Obermayer (1G).

Chaque section disposait de deux canons d'infanterie *(Infanterie-Geschütz)* de 7,5 cm, soit un total de huit pièces pour la compagnie.

La photo du **IV. Zug** nous montre, au premier rang, assis de gauche à droite : l'*Uffz.* Heinle (F1G), le lieutenant Weber, le *Leutnant* **Geigl** (chef de section), l'*Uffz.* Schramml (chef du *Zugtrupp*). Au second rang : L. Wagner (2G), Högerle (2G), Rutz (2G), Rasthofer, Hug (Fh), A. Bürger (Fh), Weissenhälter (2G), Steuer (2G). Rang intermédiaire : Scheitzeneder (2G), Bertold, Ruckgaber (1G), Bergmeier (1G), M. Erdenreich (2G). Rappl (Zt), Sonnengruber (1G), Osl (Fh), G. Krannetvogel (pointeur au *Zugtrupp*, avait été fait prisonnier), Brandl (Fh), Tyrroler, Aicher (Fh), E. Bay (Zt), Haunberger (Zt), Fr. Hofmann. Rang supérieur : O. Wagner (Wm.), Köbrunner (Zt), Bauernrenner (1G), Streitberger (1G), Götzwein (Fh), R. Schneider (1G), Mittermeier (Fh), Lau (Fh), Steiger (1G).

L'INFANTERIE-REGIMENT 199 "LIST"

L'*Infanterie-Regiment 199* a été constitué, le 26 août 1939, en tant que régiment de la 2e vague, levé à Augsburg, au sein du WK VII (7e région militaire couvrant la Bavière). Le 21 septembre, il prend aussi la dénomination officielle d'*Infanterie-Regiment List*, afin de rappeler le souvenir du *bayrische Reserve-Infanterie-Regiment 16*, régiment bavarois de réserve levé en août 1914 et qui s'illustra rapidement au début de la Grande Guerre. Mais, dans l'armée impériale, les régiments de réserve étaient constitués de recrues manquant de formation militaire. (1) Ces réservistes militaires, « *n'avaient pas été suffisamment formés au combat, mais ils savaient mourir comme de vieux soldats* ». (2) « Mais l'élan et le fanatisme », comme le note John F. Williams, n'étaient pas suffisants et, les pertes seront terribles. Ce 6e Régiment bavarois de réserve est engagé, dans les Flandres, à l'est d'Ypres, sur Gheluvelt. Parmi ces volontaires, marchant en chantant *Wacht am Rhein*, (3) l'agent de liaison Adolf Hitler. (4) Au soir du premier jour de l'attaque, le 29 octobre, qui permet d'avancer d'un kilomètre, 349 tués sont à déplorer et plus du double de blessés ! Les pertes du 30 octobre sont pires et le quatrième jour, le régiment qui comptait 3600 hommes, au début, n'en comptait plus que 611. Son chef, le colonel List est tué, ainsi que la plupart des officiers. Le régiment restera affaibli et comptera un total de 3700 morts durant tout le conflit ce qui est un taux très élevé. Il prend alors le nom de son premier Kommandeur et entrera dans la légende, d'autant plus que le caporal Hitler fut un de ses membres… Ainsi, l'*IR 199*, dont dépend la *13./199* en sera le régiment de tradition et obtiendra même une bande de manche. Son sort, tragique, suivra celui de la *57.ID*…

(1) Alors qu'en 1914, 80% des soldats français avaient bénéficié d'une formation militaire, le ratio n'était que de 54% dans l'armée impériale allemande.

(2) Extrait d'une lettre d'Adolf Hitler écrite depuis le front et citée par John F. Williams, *Corporal Hitler and Great War 1914-1918 - The List Regiment*, Frank Cass, 2005, p. 10.

(3) Et non le *Deutschland über alles*, comme l'écrira Hitler.

(4) Qui deviendra caporal et obtiendra la Croix de fer de IIe classe dès novembre 1914.

Achever d'imprimé sur les presses de Roto-Champagne à Langres (Haute Marne)
le 4 juin 2020 pour le compte des Editions Heimdal, Georges Bernage, éditeur